Vorwort zur 13. Auflage

Die vorliegende Auflage ist wieder durchgesehen und aktualisiert worden. Das Sechste Gesetz zur Reform des Strafrechts vom 26. Januar 1998 (BGBl. 1998 I, 164) wurde eingearbeitet. Für Hinweise und Anregungen aus dem Leserkreis sind Verfasser und Herausgeber auch weiterhin dankbar.
Eine sinnvolle Ergänzung für die Einarbeitung und den Umgang mit der Materie findet das Heft in dem Band „Klausurenschreiben leicht gemacht“.

Bochum, Berlin, im Mai 2000

Hans-Dieter Schwind
Helwig Hassenpflug

Vorwort der Herausgeber zur 1. Auflage

Trotz der Fülle von Lehrbüchern, Grundrissen und Kommentaren verschiedenster Größenordnung zum Strafrecht hat es bisher an einer speziell auf die Bedürfnisse des juristischen Anfängers zugeschnittenen Einführung in das Strafrecht gefehlt, d. h. an **einem kurzen verständlichen Überblick über die Grundfragen des Strafrechts, der pädagogisch sinnvoll aufgebaut ist, d. h. durch praktische Fälle zum Mitdenken zwingt, langsam von leichteren zu schwierigeren Problemen übergeht und auch Hinweise für die praktische Arbeit enthält**.

Diesem Bedürfnis versucht das vorliegende Buch Rechnung zu tragen. Wir glauben, daß die größeren, anspruchsvolleren Lehrwerke für den Anfänger von ungleich größerem Nutzen sind, wenn er durch das vorliegende Buch zunächst einen **Überblick über die Grundfragen und die Systematik des Strafgesetzbuches erhalten hat**.

Jeder Leser sollte sich vor Augen halten, daß es die Absicht der Verfasser ist, ihm lediglich diese Grundlagen nahezubringen und ihm in Form eines zwanglosen Lehrgespräches den Überblick zu verschaffen, **von dem aus das Studium der Einzelprobleme in den umfangreicheren Lehrwerken leichter und nutzbringender werden wird**.

Natürlich kann dieses Buch die Materie des Strafrechts nicht erschöpfend darstellen; es muß im Hinblick auf die Zielsetzung bewußt auf die Darstellung von Einzelheiten, Sonderregelungen und Streitfragen verzichten. Zum Besonderen Teil des Strafgesetzbuches sind nur die wichtigsten Tatbestände näher erläutert. Zusammen mit den wichtigen Hinweisen auf die Klausurtechnik sollte es jedoch möglich sein, mit dem Gesetz und den Kenntnissen, die dieses Büchlein vermittelt, den „Kleinen Strafrechtsschein“ zu erwerben.

Eine willkommene Ergänzung findet dieses Werk in dem Band **„KLAUSURENSCHREIBEN – leicht gemacht“** der gleichen Reihe und den Bändchen zum StGB aus der Reihe **DEFINITIONENKALENDER UND RECHTSPRECHUNGSÜBERSICHTEN**.

Bochum, Berlin, im November 1975

Hans-Dieter Schwind
Helwig Hassenpflug

Reihe „... leicht gemacht"

Herausgeber:
Prof. Dr. Hans-Dieter Schwind
Dr. jur. Dr. jur. h.c. Helwig Hassenpflug

Strafrecht

Kleiner Strafrechtsschein

leicht gemacht

Eine Einführung zum Allgemeinen und Besonderen Teil des Strafgesetzbuches mit praktischen Fällen und Hinweisen für Klausuraufbau und Studium

13., überarbeitete Auflage von

Prof. Dr. Hans-Dieter Schwind
Dr. Heinz Nawratil, Notar
Georg Nawratil, Dipl.-Psychologe

Ewald von Kleist-Verlag, Berlin

Umschlagabbildung:
Strafrecht leicht gemacht
Eike von Repgow, Der Sachsenspiegel, Universitätsbibliothek Heidelberg, cpg 164, f. 12v
Die Abbildung erfolgt mit freundlicher Genehmigung der Universitätsbibliothek Heidelberg. Um 1230 schrieb Eike von Repgow seine Sammlung von geltendem Recht, die schnell den Charakter eines Gesetzbuches erhielt und Vorlage für weitere Sammlungen wurde. Viele mittelalterliche Handschriften des „Sachsenspiegels" sind illustriert. Die Bilder stellen auf eindringliche und allgemeinverständliche Art die wichtigsten rechtlichen Sachverhalte dar und sind so schnelle Orientierungshilfe und Gedächtnisstütze – schwierige Fälle „leicht gemacht".

ISBN 3-87440-187-1
Ewald v. Kleist Verlag, Pücklerstraße 8, 14195 Berlin

Gesamtherstellung: Bosch-Druck, 84030 Landshut/Ergolding

Inhaltsverzeichnis

Begriffe, die Sie hier vermissen, wollen Sie bitte dem Sachregister entnehmen.

Leitsatzverzeichnis
(L = Leitsatz, Ü = Übersicht)

I. Tatbestand, Rechtswidrigkeit, Schuld

1. Lektion: Die Grundbegriffe

Was Sie immer wissen müssen

Wenn Sie reiten lernen wollen, würden Sie sich dann damit begnügen, ein Buch über das Reiten auswendig zu lernen, oder würden Sie das Buch nur einmal lesen und sich möglichst bald in den Sattel setzen? Dumme Frage, werden Sie sagen, natürlich das letztere!

Jetzt aber sehen Sie sich Ihre Kommilitonen an: Alle wissen, daß die juristischen Prüfungsarbeiten aus **praktischen Fällen** bestehen, die man innerhalb einer vorgeschriebenen Zeit lösen muß, und doch widmen die meisten nur einen Bruchteil ihrer Arbeitszeit der praktischen Arbeit am Pferd, sprich Fall.

Wer von Anfang an möglichst prüfungsnah arbeitet, wird die selbsterarbeiteten Lehrsätze nicht nur viel besser verstehen und behalten als jeder andere; er wird auch beim richtigen Aufbau seiner Klausur, in der sprachlichen Formulierung und im Umgang mit dem Gesetzestext eine Routine erwerben, die auch der fleißigste Theoretiker nicht mehr aufholen kann. Kurz und gut, wir arbeiten hier so viel mit praktischen Aufgaben, weil Ihnen das die günstigste Relation von Arbeitsaufwand zu Prüfungserfolg sichert.

Es ist aber ganz wesentlich, daß Sie **immer einen Gesetzestext** neben sich liegen haben und jeden zitierten Paragraphen sofort nachschlagen und Wort für Wort langsam durchlesen. Diese Zwei-Bücher-Technik scheint manchem Anfänger unbequem oder lästig, aber Sie werden sich schnell daran gewöhnen, und vor allem: es geht nicht anders.

Zur Not genügt es, wenn Sie sich am Anfang nur das Strafgesetzbuch (StGB) kaufen. Da aber hin und wieder auch andere Gesetze in unsere Fälle hineinspielen, z. B. das Bürgerliche Gesetzbuch (BGB) oder das Jugendgerichtsgesetz (JGG), besorgen Sie sich am besten gleich die gesamte Gesetzessammlung „Schönfelder", die Sie auch im Examen benützen.

Bei den ersten Fällen brauchen Sie das Gesetz ausnahmsweise noch nicht aufzuschlagen.

Die Handlung im Sinne des StGB

FALL 1: Auf dem Münchner Oktoberfest schubst der betrunkene A den B aus Übermut so stark, daß er hinfällt und auch noch den C neben sich umstößt, was C einen Armbruch einbringt. Frage: Kann sich B irgendwie strafbar gemacht haben; bitte überlegen Sie!
Schon vom Wortsinn her verlangt eine strafbare Handlung ein „vom menschlichen Willen getragenes Verhalten". B war hier nichtsahnend mit unwiderstehlicher **Gewalt** (lat. vis absoluta) gegen den Verletzten gestoßen worden, also hat nicht er gehandelt, sondern nur A! Nebenbei bemerkt: Wenn der Jurist von „dem A" spricht, so ist das nicht eine besonders familiäre Ausdrucksweise, sondern ein überlieferter Juristenzopf, den man zwar abschneiden sollte – aber besser erst nach der Prüfung.

FALL 2: Auf einem Gestüt sieht A den Reitern zu. Plötzlich scheut ein Pferd ganz in seiner Nähe. Unwillkürlich schrickt A zurück und verletzt den C, der zufällig hinter ihm steht. Hat A nach dem, was Sie vorher gehört haben, gehandelt?
Machen Sie sich bitte zur Angewohnheit, nach jeder Frage in diesem Buch kurz zu pausieren, sich eine eigene Antwort zurechtzulegen und erst dann weiterzulesen. Nur so entwickeln Sie eine Art von geistigem Appetit auf die Lösung bzw. auf den Lehrsatz, der dahinter steht. Ohne diesen Appetit werden Sie nicht viel verdauen, d. h. verstehen, und sich noch viel weniger merken.
Die Lösung dürfte hier nicht allzu schwer sein: Eine rein **instinktive Schreckreaktion** (Reflexbewegung) ist keine vom Willen getragene Handlung. Also hat A im Sinne des StGB nicht gehandelt.

FALL 2a: Der Italiener I kehrt vorzeitig von der Arbeit heim und überrascht seine Gattin G in den Armen ihres Liebhabers L. I dreht durch und erschlägt seinen Nebenbuhler auf der Stelle.
Spontanreaktionen sowie Affekt- und Kurzschlußhandlungen sind – im Gegensatz zu Reflexbewegungen – willensgetragen und erfüllen daher den strafrechtlichen Handlungsbegriff. I hat somit gehandelt.

FALL 3: Bei einer Bergtour übernachtet A in einer überfüllten Schutzhütte. Nachts träumt er schwer, schlägt um sich und

verletzt wieder unseren Pechvogel C, sagen wir am Nasenbein. Handlung ja oder nein?
Jetzt brauchen Sie nicht viel zu überlegen: Reflexbewegungen im Schlaf sind sicher keine Handlungen, wenn sie schon im wachen Zustand nicht zählen!

Tatbestand, Rechtswidrigkeit und Schuld

Bevor wir zum nächsten Fall kommen, nehmen Sie bitte Ihr StGB und schlagen das Inhaltsverzeichnis auf. Sie finden dort eine wichtige Unterteilung: Während der zweite, der „Besondere Teil", sagt, welche Tatbestände überhaupt strafbar sind, also z. B. Mord, Körperverletzung, Diebstahl, behandelt der „Allgemeine Teil" – §§ 1 – 79 b StGB – Fragen, die alle Straftaten betreffen, also z. B. die Notwehr, die Schuldunfähigkeit oder die Strafbarkeit der versuchten Tat.
Jetzt eine Verständnisfrage: Wie steht es mit den unmoralischen Handlungen, die keinen eigenen Tatbestand im Besonderen Teil haben; sind sie auch strafbar?
Natürlich nicht! Denn es ist der Sinn des ganzen Katalogs der Delikte im Gesetz: Keine Strafe ohne Gesetz. Lesen Sie dazu gleich § 1.
Fußnote: §§ ohne Gesetzbezeichnung sind §§ des StGB.
Weitere Fußnote: Machen Sie sich bei jeder zitierten Bestimmung ein Zeichen: z. B. können Sie die Zahl des Paragraphen unterstreichen, hier z. B. also § _1_. Wenn Sie später im Gesetz etwas suchen, springen Ihnen die immer wiederkehrenden Bestimmungen gleich ins Auge, und Sie verschwenden keine Zeit mit dem Lesen seltener Vorschriften, die in der Uni-Praxis nie vorkommen (Vgl. aber den Hinweis auf S. 25 oben).

FALL 4: Anläßlich Ihrer Examensvorbereitung bleiben Sie abends länger auf und hören plötzlich Lärm auf der Straße. Sie gehen zum Fenster und werden Zeuge eines dramatischen Geschehens. Zwei Männer ringen am Boden miteinander; plötzlich blitzt bei einem ein Schuß auf und der andere bleibt tot liegen. Wie hat sich der Täter strafbar gemacht?
Wir müssen ausgehen von § 211 oder § 212 (Mord bzw. Totschlag). Bitte lesen **und** unterstreichen! Nach dem, was Sie gesehen haben, könnte es durchaus sein, daß der Schütze ein Geldbote und das Opfer ein Räuber war, so daß Notwehr vorliegt, § 32. Sie sehen: Auch wenn der Tötungstatbestand erfüllt ist, kann im Einzelfall trotzdem die **Rechtswidrigkeit** und damit die Strafbarkeit entfallen.

Die Erfüllung des gesetzlichen Tatbestandes eines Delikts ist nur ein Indiz, aber nicht die einzige Voraussetzung dafür, daß eine rechtswidrige Handlung vorliegt.

Ergebnis: An Hand dessen, was Sie gesehen haben, können Sie noch nicht mit Sicherheit sagen, ob ein Verbrechen vorliegt.

FALL 5: Der zehnjährige Max ist antiautoritär erzogen und wirft dem siebenjährigen Moritz zwecks Entfaltung seiner Persönlichkeit einen Stein an den Kopf. Klein-Moritz trägt eine blutende Platzwunde davon. Strafbarkeit von Max?

In Frage kommen §§ 223 bzw. 224 (einfache bzw. gefährliche Körperverletzung). In die Details wollen wir nicht gehen. Sicherlich ist ein Tatbestand erfüllt und ebenso sicher liegt Notwehr (§ 32) oder ein anderer Rechtfertigungsgrund nicht vor. Bleibt wohl nur das Alter von Max. Bitte lesen Sie § 19: Die Tat erfüllt zwar den Tatbestand voll und ist rechtswidrig, aber nicht **schuldhaft**, da Max noch nicht vierzehn Jahre und damit nicht „schuldfähig" ist.

Ergebnis: Keine strafbare Handlung.

FALL 6: Ein Jurist und ein Mediziner sind tödlich verfeindet. Wie's der Teufel will, wird der Jurist nach einem Unfall bewußtlos in die Klinik eingeliefert, in der sein Feind arbeitet. Der faßt die Gelegenheit beim Schopf, füllt in eine Spritze statt des nötigen Herzmittels eine tödliche Dosis Morphium, die äußerlich von dem Heilmittel nicht zu unterscheiden ist, und läßt sie durch eine nichtsahnende Krankenschwester injizieren. Der Verletzte stirbt. Ist die Schwester strafbar?

In Frage kommen Mord bzw. Totschlag, §§ 211, 212, oder fahrlässige Tötung, § 222. Ohne die Handlung der Schwester wäre unser Mann nicht gestorben. Notwehr oder andere Rechtfertigungsgründe sind auch nicht in Sicht. Ergebnis: Die Schwester hat zwar tatbestandsmäßig-rechtswidrig gehandelt. Mangels **Vorsatzes oder Fahrlässigkeit**, den zwei Formen der strafrechtlichen Schuld, ist sie aber weder nach §§ 211, 212 oder nach § 222 strafbar.

Hinweis: An den Universitäten werden Vorsatz oder Fahrlässigkeit – anders als in der Praxis – zumeist im Rahmen des Tatbestandes geprüft.

An dieser Stelle werden Sie sich vielleicht an unsere Fälle 1–3 erinnern und sich fragen, ob überhaupt eine Tötungshandlung vorliegt, weil die Schwester doch gar nicht an eine Tötung dachte.

So abwegig ist dieser Gedanke nicht. Immerhin vertritt eine verbreitete Lehrmeinung diesen Standpunkt. Nach der sog. **finalen Handlungslehre** ist eine Handlung nur zweckgerichtetes Verhalten; d. h. der Täter muß (beim vorsätzlichen Erfolgsdelikt, siehe dazu S. 11 unten) den Erfolg herbeiführen wollen.

Die in der Praxis angewandte Theorie ist aber die sog. **kausale Handlungslehre**, wonach Handlung jede „auf menschliches Wollen zurückführbare Bewirkung einer Veränderung in der Außenwelt" ist. Anders als der gerempelte B im Fall 1, der seinen Nachbarn stößt, wollte die Schwester tatsächlich handeln. Bloß bleibt sie mangels Schuld (Vorsatz oder Fahrlässigkeit) straflos und nicht mangels tatbestandsmäßiger Handlung wie nach der finalen Theorie. Das Ergebnis ist das gleiche.

Für die praktische Arbeit in Klausur und Hausarbeit genügt es, wenn Sie sich an eine Meinung halten.

Damit haben wir schon ein Grundschema für unsere Strafrechtsarbeit. Wir prüfen jeden Sachverhalt in der Reihenfolge: Tatbestandsmäßigkeit – Rechtswidrigkeit – Schuld. Das Gelernte wollen wir auch gleich wiederholen und kurz zusammenfassen. Wir merken uns vor allem:

Leitsatz 1:

(Grundstrukturen der Straftat)

1. Tatbestandsmäßigkeit:

   Ggfls. prüfen ob überhaupt eine „Handlung" im Sinne des StGB vorliegt. Sie entfällt u. a. bei

   a) Reflexbewegungen (z. B. im Schlaf)

   b) instinktiven Schreckreaktionen

   c) Verhaltensweisen auf Grund unwiderstehlicher Gewalt.

   Dann genau prüfen, ob die einzelnen Merkmale des gesetzlichen Tatbestands auf den gegebenen Fall „passen".

2. Rechtswidrigkeit:

   Bejahen, wenn der gesetzliche Tatbestand erfüllt ist und keine Rechtfertigungsgründe vorliegen.

3. Schuld:

   Je nach Delikt gegeben bei Vorsatz oder Fahrlässigkeit, soweit der Täter überhaupt schuldfähig ist. – Weitere Gründe, welche die Schuld ausschließen, werden Sie in den späteren Lektionen kennenlernen.

Bitte prägen Sie sich alle Leitsätze dieses Buches genau ein. Sie sind der Extrakt der Lektionen und müssen unbedingt beherrscht werden – zwar nicht auswendig, aber sinngemäß.
Zum Schluß lesen und unterstreichen Sie bitte noch folgende Bestimmungen: Über die Strafarten allgemein §§ 38, 39, 40, 44 I, 45 I und über die „Maßregeln der Besserung und Sicherung" § 61. Bei diesen Bestimmungen ist eine besondere Erläuterung vorerst nicht nötig.

2. Lektion: Tatbestand und Kausalität

Sie sollten es sich zur Gewohnheit machen, vor Beginn einer neuen Lektion die wichtigsten Lehren der vorausgehenden zu wiederholen. Da in diesem Buch eins auf dem andern aufbaut, ist dies eine unumgängliche Notwendigkeit.

Grundfälle der Kausalität

Vorweg eine kleine Denkübung, die man auch in einen konventionellen Intelligenztest einbauen könnte:
Lesen Sie bitte § 154 (Meineid) und vergleichen Sie diesen Tatbestand mit §§ 212, 223, 263 (Totschlag, Körperverletzung, Betrug). Wodurch unterscheidet sich Meineid prinzipiell von den anderen Delikten?
Nun, beim Meineid ist der Tatbestand schon mit dem falschen Schwur erfüllt; es ist gleich, ob sich die Lüge im Prozeß auswirkt oder nicht. Bei den anderen Delikten aber ist es nicht getan mit Schießen, Schlagen oder Täuschen; ohne Leiche, Wunde oder Vermögensverlust ist die Tat nicht vollendet, allenfalls liegt ein Versuch vor. Zur Tatbestandsmäßigkeit gehört also bei Totschlag, Körperverletzung, Betrug usw.: Handlung plus Erfolg, beim Meineid nur eine Handlung. Letzterer ist reines Tätigkeitsdelikt, die anderen Taten sind sog. **Erfolgsdelikte**. Bitte merken Sie sich diese Unterscheidung, wir werden sie gleich brauchen!

FALL 7: Eine Ehefrau mischt ihrem griesgrämigen Mann Arsen ins Mittagessen. Der Mann fühlt sich bald schlecht und läßt sich ins Krankenhaus bringen. Er fällt dort so unglücklich von der Trage, daß er sich das Genick bricht. Strafbarkeit der Frau? Wir prüfen hier nur die Tötungsdelikte, §§ 211 ff, und lassen die Körperverletzungsdelikte, §§ 223 ff, vorerst außer Betracht.

Daß die Frau gehandelt hat und daß ihr Mann tot ist, steht außer Zweifel. Aber erst wenn ein ursächlicher Zusammenhang zwischen Handlung und Tod bejaht ist, sind wir mit der Tatbestandsprüfung fertig und können uns der Rechtswidrigkeit und Schuld zuwenden. Bei den Erfolgsdelikten ist die Verursachungsfrage (Kausalität) also Tatbestandsmerkmal. Hat also die Frau den Tod verursacht?

Um es kurz zu machen: ja. Nach ganz überwiegender Meinung im Strafrecht ist **ursächlich jede Handlung** bzw. Bedingung, **die nicht hinweggedacht werden kann, ohne daß der konkrete Erfolg entfiele** (conditio sine qua non). Ohne den Giftanschlag wäre das Opfer nicht ins Krankenhaus gekommen, folglich auch nicht von der Bahre gefallen.

Sie sehen, die Faustregel der conditio sine qua non ist sehr einfach zu handhaben. Aber führt sie nicht zu unvertretbaren Ergebnissen? Bitte, überlegen Sie.

Wenn Sie sich den Leitsatz der 1. Lektion gemerkt haben, wird die Antwort nicht allzu schwer. Selbst wenn wir die Tatbestandsmäßigkeit bejahen, ist damit noch nicht das letzte Wort über die Strafbarkeit gesprochen; denn es bleiben noch Rechtswidrigkeit und vor allem Schuld zu untersuchen. Über das Korrektiv des Vorsatzes kann man immer noch unvorhersehbare Kausalverläufe ausscheiden. Im vorliegenden Fall wird, wie wir später in der Lektion über Schuld und Irrtum sehen werden, nur ein Mordversuch übrigbleiben; denn für einen vollendeten Mord fehlt es mangels Vorhersehbarkeit der konkreten Todesart am Vorsatz. Im Augenblick wollen wir uns aber ganz auf die Frage der Verursachung des Erfolges konzentrieren und den zweiten Schritt nicht vor dem ersten tun.

FALL 8: Wie vorher bedient die treusorgende Hausfrau ihren Haustyrannen mit Arsen. Wieder wird der Alte ins Krankenhaus gebracht, stirbt aber diesmal an einem groben Kunstfehler des Arztes. Kausalzusammenhang zwischen Gift und Tod? Ja, genau wie vorher.

FALL 9: Wieder serviert die Dame des Hauses dem Mann Eisbein mit Arsen. Ohne daß sie es wußte, hat ihr Sohn dem alten Herrn Rattengift in den Pudding gemixt, um eine kleine Erbschaft zu machen. Der Mann stirbt. Später wird festgestellt, daß nur beide Giftgaben **zusammen** tödlich waren. Eine allein hätte nicht genügt. Ist die Handlung der Frau ursächlich für den Tod?

Ja, auch bei **sich ergänzenden** bzw. zusammenwirkenden **Bedingungen** (Stichwort: mit vereinten Kräften ...) gilt die Regel der conditio sine qua non. Die herrschende Lehre heißt, nebenbei bemerkt, Bedingungstheorie, wird aber auch Äquivalenztheorie genannt wegen der Gleichwertigkeit (Äquivalenz) aller Bedingungen für den Erfolg.

Der Kausalzusammenhang und seine Unterbrechung

FALL 10: Genau wie im Fall vorher kriegt Vati Gift von Mutti und Filius zugleich, ohne daß die beiden Täter etwas voneinander wissen. Das Familienoberhaupt stirbt. Später wird festgestellt, daß jede Giftmenge für sich allein tödlich gewesen wäre, und daß das Opfer durch die doppelte Menge nur fünf Minuten früher gestorben ist. Kausalität?
Lesen Sie zunächst die Begriffsbestimmung im Fall 7 noch einmal Wort für Wort durch. Abzustellen ist auf den **konkreten** Erfolg, d. h. darauf, ob sich die Handlung im Ergebnis irgendwie niedergeschlagen hat. Es genügt, daß das Opfer fünf Minuten früher starb.
Lösung: Beide Täter haben ihren bescheidenen Beitrag geleistet und damit kausal gehandelt.
Schließlich wollen wir noch einen Extremfall konstruieren.

FALL 11: Wie vorher, bloß verwenden beide Täter ein spezielles Gift, das genau nach zehn Sekunden wirkt, und schütten es dem Herrn der Schöpfung ins gleiche Bierglas, ohne voneinander zu wissen. Eins-zwei-gsuffa, und der Trunk hat seine Wirkung getan.
Bevor Sie die Frage der Kausalität prüfen, nehmen Sie jetzt noch einmal unsere Definition von vorher genau unter die Lupe: Ursächlich ist jede Handlung, die nicht hinweggedacht werden kann, ohne daß der konkrete Erfolg entfiele. Ist z. B. das Gift der Frau noch ursächlich?
Strenggenommen nicht, da der konkrete Erfolg nicht entfällt, wenn man ihre Handlung wegdenkt. Hätte sie kein Gift gegeben, wäre das Opfer in der gleichen Weise gestorben. Beide Giftmischer hätten demnach den Tod nicht verursacht und den Tatbestand nicht erfüllt. Um dieses unmögliche Ergebnis zu vermeiden, muß die Grundformel der Bedingungstheorie abgewandelt werden. Bei **kumulativer Kausalität** wie im gegebenen Fall ist darauf abzustellen, ob die Tat planmäßig verlief, der Schuß sozusagen ins Ziel kam und seine Wirkung tat. Das Gift der Frau hat das Nervensystem des Mannes genauso angegrif-

fen wie das Gift des Sohnes. Ihre Handlung ist kausal, weil sie bis zum Eintritt des Erfolges mitgewirkt hat, also Mitursache wurde und nicht etwa ein anderes Ergebnis die Fortwirkung beseitigt und eine neue Kausalreihe gesetzt hat.
Und damit es auch jeder versteht, wollen wir das gleiche in der Sprache des Bayerischen Obersten Landesgerichtes ausdrücken: „Von mehreren Bedingungen, die zwar jede für sich (alternativ), nicht aber gemeinsam (kumulativ) hinweggedacht werden können, ohne daß der Erfolg entfiele, ist jede für den Erfolg ursächlich."
Alles klar!

FALL 12: Noch einmal kredenzt eine Frau ihrem Angetrauten eine tödliche Dosis Arsen in der Hoffnung, daß der Tod sie baldmöglichst scheide. Bei seinem anschließenden Verdauungsspaziergang wird der Mann vom Liebhaber der Frau erschossen. Der Todesschütze wußte von dem Giftanschlag nichts. Kausalität zwischen Gift und Tod?
In diesem Fall ist der Mann durch Erschießen und nicht durch Gift gestorben. Das Gift war für den konkret eingetretenen Tod also nicht ursächlich, keine conditio sine qua non. Der Tod enthält nichts mehr von der Handschrift der Giftmischerin oder, etwas juristischer ausgedrückt: Ihre Handlung war nicht mitwirksam für den konkreten Erfolg, sie konnte sich hier also gar nicht auswirken.
Man spricht von **„Unterbrechung des Kausalzusammenhangs"** bzw. von „überholender Kausalität" ganz allgemein dann, wenn eine Kausalreihe zum Erfolg nichts beitragen kann, weil sie durch das Dazwischentreten anderer Tatsachen nicht mehr zur Entwicklung kommt, so daß der schließliche Erfolg überhaupt nicht mehr auf das ursprüngliche Tun zurückzuführen ist.
Ergebnis: Keine Kausalität des Giftanschlags. Folge: Da die Kausalität hier ein Tatbestandsmerkmal darstellt, ist der Tatbestand des § 211 nicht erfüllt. Wie wir später sehen werden, ist die Frau nur wegen Mordversuchs strafbar.
Lassen Sie sich durch die vielen Variationen in dieser Lektion nicht verwirren. Sie müssen immer an den roten Faden denken, der sich überall durchzieht: Die Handlung muß beim **konkreten** Erfolg irgendwie mitgewirkt haben, wenn auch nur ganz am Rand.
Wir merken uns:

Leitsatz 2:

(Kausalität)

1. Im Gegensatz zu den sog. reinen Tätigkeitsdelikten wie z. B. Meineid gehört bei den sog. Erfolgsdelikten wie z. B. Totschlag zum Tatbestand neben einer Handlung auch noch ein bestimmter Erfolg.
2. Zwischen Handlung und Erfolg muß ein ursächlicher Zusammenhang bestehen, d. h. „die Handlung kann nicht hinweggedacht werden, ohne daß der Erfolg entfiele“ (conditio sine qua non).
3. Es genügt, daß die Handlung **mit**ursächlich war und bis zum Eintritt des angestrebten konkreten Erfolges mitgewirkt hat.

   Auch im Extremfall der kumulativen Kausalität wird daher die Verursachung bejaht.

   Mitursächlichkeit eines Verhaltens Dritter oder des Opfers selbst sind grundsätzlich unschädlich.

   Bei einer Unterbrechung des Kausalzusammenhangs (überholende Kausalität), wenn also die erste Kausalreihe infolge des Dazwischentretens anderer unabhängiger Tatsachen nicht mehr zur Entwicklung kommt, ist der Erfolg nicht mehr auf das ursprüngliche Tun zurückzuführen.

Juristischer Theorienstreit sollte bei einem Anfängerlehrbuch im Hintergrund stehen. Entscheidend ist zunächst, daß Sie das System des Strafgesetzbuches verstehen und Klausurfälle lösen können. Allerdings müssen Sie auch in einer Arbeit verschiedene Theorien gegeneinander abwägen können. Wir stellen daher zunächst als Denksportaufgabe die

FRAGE 13: Wie könnte man abweichend von der beherrschenden Bedingungstheorie die Ursächlichkeit noch auffassen? Wie immer, bitte erst selbst überlegen!

Nun, z. B. so, daß man nur die normalerweise eintretenden Folgen der Tat wertet und nicht ganz ungewöhnliche Entwicklungen, mit denen man nach der Lebenserfahrung nicht zu rechnen braucht; der Erfolg darf nicht außerhalb der Wahrheitswerte liegen (**Adäquanztheorie** oder Theorie der adäquaten bzw. typischen Verursachung).

Diese Betrachtungsweise ist im Bereich des Zivilrechts herrschende Lehre.

Subjektive Tatbestandsmerkmale

FALL 14: Beim Verlassen einer Gaststätte setzt ein zerstreuter Professor versehentlich einen fremden Hut auf. Ist der Tatbestand des § 242 erfüllt?
Zwar hat der gelehrte Herr eine fremde bewegliche Sache weggenommen. Da ihm aber die Absicht der rechtswidrigen Zueignung fehlte, ist der gesetzliche Tatbestand des Diebstahls nicht erfüllt. – Wie unterscheidet sich das Tatbestandsmerkmal der Zueignungsabsicht von den anderen des § 242, z. B. der Wegnahme?
Die Wegnahme ist etwas Objektives, äußerlich Sichtbares, während die Zueignungsabsicht etwas rein Subjektives ist. Man spricht daher von einem **subjektiven Tatbestandsmerkmal**. Weitere Beispiele enthält z. B. § 211, u. a., „Mordlust“ oder „um eine andere Straftat zu ermöglichen“. – In der praktischen Arbeit ist es hier wichtig, diese Merkmale schon beim Tatbestand und nicht erst bei der Schuld zu prüfen.

3. Lektion: Notwehr

Die Notwehr im System des StGB

Grob vereinfacht könnte man den Aufbau einer Straftat folgendermaßen darstellen:

1. Tatbestandsmäßigkeit
2. Rechtswidrigkeit
3. Schuld

Bei dieser Lektion sind wir gleichsam in der 2. „Etage“ unserer Prüfung angelangt. Lesen Sie hierzu gleich § 11 I Nr. 5.

Wenn wir die Tatbestandsmäßigkeit einer Handlung bejaht und von ihr auf die Rechtswidrigkeit geschlossen haben, ist in der Regel unsere juristische Arbeit in der 2. Etage getan, wenn man von zwei Ausnahmen absieht:

1. In seltenen Fällen ist eine besondere Prüfung der Rechtswidrigkeit ausdrücklich vorgeschrieben, z. B. §§ 240 II, 253 II.
2. Der Gesetzgeber hat auch Ausnahmeregelungen geschaffen, bei deren Vorliegen eine Tat nicht rechtswidrig ist, die sog. Rechtfertigungsgründe. Die Untersuchung, ob ein Rechtfertigungsgrund vorliegt, stellt die juristische Hauptarbeit in

der 2. „Etage“ dar – aber natürlich nur, **wenn** der Sachverhalt des Falles dafür Anhaltspunkte bietet!

Einen wichtigen Rechtfertigungsgrund lernen wir gleich kennen in folgendem

FALL 15: Ein Rocker (R) schlägt auf einen Invaliden (I) ein. I gibt ihm mit dem Krückstock eins auf den Kopf. Diese Sprache versteht R und trollt sich. Hat sich I strafbar gemacht?

I hat den Tatbestand einer gefährlichen Körperverletzung, § 224, erfüllt, da man den Krückstock beim Schlag auf den Kopf als „gefährliches Werkzeug“ im Sinne dieser Vorschrift ansieht. Wir haben aber zu prüfen, ob nicht die Rechtswidrigkeit durch **Notwehr** beseitigt wurde.

Lesen Sie bitte § 32. Es lag ein gegenwärtiger, rechtswidriger Angriff vor, den I nicht zu dulden brauchte. Das angegriffene Rechtsgut war die körperliche Unversehrtheit und das Wohlbefinden des I. Durfte er aber mit dem Stock zuschlagen?

Im Falle der Notwehr ist eine **Verteidigungshandlung** dann gerechtfertigt, wenn sie **erforderlich** war, § 32 II. Dies bejaht man, wenn sie objektiv geeignet ist, den Angriff zu beenden oder abzuschwächen und die Gefahr der drohenden Rechtsgutverletzung abzuwenden oder zu verringern.

Auf das Risiko einer unwirksamen Verteidigung braucht sich der Angegriffene nicht einzulassen.

In diesem Sinne war der Schlag des I mit dem Krückstock „**erforderlich**“. Ein Faust- oder Ringkampf mit zweifelhaftem Ausgang war dem I nicht zuzumuten.

Ergebnis: I hat in Notwehr, also nicht rechtswidrig gehandelt.

FALL 16: Stark trifft auf der Straße seinen Nachbarn Schwach, der ihn tags zuvor vom Fenster aus als Säufer und Dieb beschimpft hatte. Um Schwach ein für allemal die Lust an solchen Beschimpfungen zu nehmen, verprügelte ihn Stark. Ist die Körperverletzung, § 223, durch Notwehr gerechtfertigt?

Das Problem liegt hier nicht in der Beleidigung. **Notwehrfähig ist jedes Rechtsgut**, also nicht nur Leib und Leben, sondern auch Eigentum, Freiheit und **Ehre**.

Die Beschimpfung des Schwach war auch rechtswidrig; denn rechtswidrig ist jeder Angriff, der einer Rechtsnorm – hier § 185 – widerspricht. Die Beleidigungen des Schwach waren aber bereits am Tag vorher passiert, der Angriff war also nicht mehr **gegenwärtig**. „Gegenwärtig“ im Sinne des § 32 ist nur ein Angriff, der unmittelbar bevorsteht, begonnen hat oder noch fortdauert.

Ergebnis: Keine Notwehr; Stark wird wegen Körperverletzung nach § 223 bestraft.
Anmerkung: Bei der Notwehr sehen Sie besonders deutlich, daß nur derjenige gute Prüfungsarbeiten schreiben wird, der das Gesetz **Wort für Wort** liest und dann **prüft**, ob die einzelnen gesetzlichen Merkmale auf den gegebenen Fall passen.

Grenzfälle der Notwehr

Viel diskutiert wurde folgender

FALL 17: Ein Rentner (R) ist infolge seiner Gebrechlichkeit an den Rollstuhl gefesselt. Er kann die fremden Kinder, die in seinem Garten Obst stehlen, nie erwischen. Als er einmal einen 10jährigen Schüler (S) beim Äpfelpflücken überrascht und dieser mit zwei Äpfeln davonläuft, schießt er – nachdem sich S durch Zurufe und Warnschüsse nicht beeindrucken ließ – ihm mit der Schrotflinte nach und verletzt ihn erheblich. Ist die Tat (§ 224) durch Notwehr nach § 32 gerechtfertigt?
Das Kind ist zwar nach § 19 schuldunfähig, hat aber das notwehrfähige Rechtsgut Eigentum angegriffen, §§ 242, 248 a.
Der Angriff dauerte trotz der Flucht an, da der kleine Dieb mit den Äpfeln noch in Reichweite war, der Verlust des Obstes für R also noch nicht endgültig war. Der Angriff war also noch gegenwärtig.
Nach der Definition im vorletzten Fall könnten wir auch die Erforderlichkeit der Verteidigung bejahen, da R auf keine andere Weise den Verlust des Obstes verhindern konnte. Die Rechtsprechung **prüft** bei der Erforderlichkeit auch **nicht** die **Verhältnismäßigkeit** = Güterabwägung zwischen dem gefährdeten und dem durch die Verteidigung verletzten Rechtsgut. Man muß nur von mehreren zur Verfügung stehenden gleich wirksamen Mitteln dasjenige wählen, das den geringsten Schaden anrichtet.
Auch nach diesen Erörterungen müssen wir R Notwehr zubilligen, was Ihrem Rechtsgefühl vermutlich widersprechen wird.
Bleibt noch zu prüfen, ob die Notwendigkeit nach § 32 I „geboten" war. In der Regel ist dies zu bejahen, wenn die Verteidigung im Sinne von § 32 II erforderlich ist. Die beiden Begriffe decken sich jedoch nicht ganz. **Geboten** ist die Verteidigung nämlich **dann nicht**, wenn vom Angegriffenen ein anderes Verhalten zu fordern oder ihm zuzumuten ist, besonders wenn die Verteidigung ein **Rechtsmißbrauch** wäre.

Ein Ausweichen vor einem pöbelnden Volltrunkenen z. B. wird vielfach keine schimpfliche Flucht darstellen und dem Angegriffenen zuzumuten sein. Ebenso kann es gegenüber schuldlos handelnden Kindern oder Geisteskranken (§§ 19, 20) geboten sein, auf Abwehr zu verzichten oder sich auf rein defensive Schutzwehr (Davonlaufen, Zuschlagen einer Tür) ohne ernstliche Gefährdung des Angreifers zu beschränken.
Ausnahmsweise verlangt die Rechtsprechung eine Güterabwägung zwischen dem Schaden des Angreifers und dem Schaden des Verteidigers, wenn die Folge der Notwehr in krassem Mißverhältnis zum drohenden Schaden steht (Rechtsmißbrauch).
In unserem Fall wird man R zwar zubilligen, daß er sich auch eines stehlenden Kindes erwehren durfte, zugleich aber feststellen, daß die vergleichsweise ganz geringwertigen Äpfel in keinem vernünftigen Verhältnis zu der erheblichen Verletzung des Kindes stehen. R's Handlung war also wegen des allgemeinen Grundsatzes des Verbots des Rechtsmißbrauchs unzulässig und daher nicht „geboten" im Sinne von § 32 I.
Ergebnis: Keine Notwehr, R wird nach § 224 bestraft.

FALL 18: Um A zu ärgern, kippt B dessen Bier um. C hatte vorher unbemerkt Gift in das Bierglas getan. Ist B wegen Sachbeschädigung, § 303, strafbar?
Objektiv liegen alle Notwehrvoraussetzungen vor; B hat mit der erforderlichen Handlung den gegenwärtigen rechtswidrigen Angriff des C auf das Leben des A abgewehrt (**Nothilfe, § 32 II**). Allerdings hatte B keine Kenntnis von der Notwehrlage; er handelte ohne **Verteidigungswillen**. Dieses subjektive Element ist aber bei § 32 wie bei allen anderen Rechtfertigungsgründen wesentliche Voraussetzung für eine Rechtfertigung.
Ergebnis: B kann sich mangels Verteidigungswillen nicht auf Notwehr (Nothilfe) berufen. Er ist wegen Sachbeschädigung strafbar (Die im Vordringen befindliche Lehre nimmt allerdings bei Fehlen des subjektiven Rechtfertigungselementes kein vollendetes, sondern nur ein versuchtes Delikt an, da hier genau wie beim untauglichen Versuch das Handlungsunrechts bestehen bleibe und nur das Erfolgsunrecht entfalle.)

FALL 19: Der kräftige A möchte den reizbaren B gerne ungestraft verprügeln. Er hänselt daher den B vor dessen Freundin – ohne allerdings den Grad einer Beleidigung zu erreichen – so lange, bis B sich auf ihn stürzt. A, der nur darauf gewartet hat, schlägt B zusammen. –
Geht A's Rechnung auf?

Wir bejahen bei A Körperverletzung und prüfen, ob sie durch Notwehr gerechtfertigt war. Die objektiven Voraussetzungen von § 32 liegen zwar vor, jedoch hat A den B **absichtlich provoziert.** Wer das tut, um jemand unter dem Deckmantel der Notwehr zu verletzen, kann sich nicht auf § 32 berufen, da er in Wirklichkeit keinen Verteidigungswillen, sondern einen Angriffswillen hat.
Ergebnis: Keine Rechtfertigung nach § 32; A ist strafbar nach § 223.

FALL 20: A verteidigt sich mit einer Schaufel gegen den Angreifer B. Er verletzt beim Ausholen den unbeteiligten Passanten C. § 32?
Notwehr rechtfertigt natürlich nur die **Verletzung des Angreifers** B, nicht die des unbeteiligten C. Ob A sich einer fahrlässigen Körperverletzung an C schuldig gemacht hat, hängt von den näheren Umständen ab.
Ergebnis: Notwehr gegenüber B: Ja, gegenüber C: Nein.

FALL 21: Bei einer Kundgebung wirft ein Linksradikaler (L) einem Theologiestudenten (T) Tomaten an den Kopf. Der sanfte T murmelt nur einige Worte der christlichen Vergebung und wendet sich zum Gehen. Sein Freund F, ein rechtsbewußter Jurastudent, will dem Angegriffenen helfen und verhindert einen weiteren Angriff des L durch eine kräftige Ohrfeige. – Ist **F** strafbar?
Zunächst gehen wir davon aus, daß sowohl der Wurf als auch der Schlag Körperverletzungen im Sinne des § 223 sind. – Die Ohrfeige war hier die erforderliche Handlung, um den rechtswidrigen Angriff auf T abzuwehren. Nach § 32 II ist auch die Abwehr eines Angriffs auf einen anderen zulässig, diesen Fall nennt man **Nothilfe**. Daß nicht F, sondern T angegriffen war, ändert nichts an § 32. Das Problem liegt hier darin, daß T selbst erkennen ließ, daß er sich nicht verteidigen wollte.
Gegen seinen Willen durfte ihm F die **Nothilfe nicht aufdrängen**. Der Nothelfer darf nicht mehr Rechte geltend machen, als der Angegriffene selbst ausüben will.
Ergebnis: Keine Rechtfertigung des F durch Nothilfe, § 32 II.

Leitsatz 3:

(Notwehr)

1. Notwehr, § 32, rechtfertigt – im Regelfall ohne Güterabwägung – eine Verteidigungshandlung **gegen einen menschlichen Angreifer**, wenn

a) der **Angriff rechtswidrig** ist, d. h. ein geschütztes Rechtsgut des Verteidigers (z. B. Leben, körperliche Unversehrtheit, Freiheit, Ehre, Eigentum) bedroht oder verletzt (Schuldhaftigkeit des Angriffs nicht erforderlich!),
b) der Angriff **gegenwärtig** ist, d. h. unmittelbar bevorsteht, begonnen hat oder noch fortdauert,
c) die **Verteidigungshandlung erforderlich**, d. h. objektiv geeignet ist, Angriff und Rechtsgutsverletzung abzuwenden oder abzumildern.
Von mehreren wirksamen Mitteln ist das zu wählen, das den geringsten Schaden anrichtet.

2. Notwehr liegt nicht vor, wenn
a) dem Verteidiger der **Verteidigungswille** (subjektives Rechtfertigungselement) fehlt, weil er entweder
von der Notwehrlage nichts wußte oder
den Angriff absichtlich provoziert hat (versteckter Angriffswille);
b) die Verteidigungshandlung nicht **geboten** war, weil
ein Ausweichen vor schuldlos Handelnden (Kinder, Geisteskranke usw.) zuzumuten war (keine schimpfliche Flucht) oder zwischen dem drohenden Schaden und den Folgen der Verteidigungshandlung ein ganz ausnehmend krasses Mißverhältnis besteht. Berufung auf Notwehr wäre dann wegen **Rechtsmißbrauchs** unzulässig.

3. Notwehr ist gemäß § 32 II auch zugunsten eines Dritten zulässig **(Nothilfe)**. Nothilfe darf aber nicht aufgedrängt werden.

4. Lektion: Sonstige Rechtfertigungsgründe

Rechtfertigender Notstand (§ 34)

Bevor Sie weiterlesen, vergewissern Sie sich bitte, ob Sie noch alle Leitsätze der vorigen Lektion parat haben. – Lesen Sie dann § 34 und versuchen Sie mit eigenen Worten, den Unterschied zwischen dem Rechtfertigungsgrund des Notstandes und dem der Notwehr zu definieren.
Sie sehen: Eine präzise Definition ist auf Anhieb nicht einfach. Die Abgrenzung fällt leichter, wenn man die Vorgeschichte des

§ 34 kennt. Vor dem 1. 1. 1975 gab es nur den Notwehr-§, so daß in den Fällen, bei denen kein „rechtswidriger Angriff" durch einen Menschen vorlag, die Rechtsprechung die Gesetzeslücke mit der Konstruktion eines **übergesetzlichen** rechtfertigenden **Notstandes** ausfüllen mußte, der auf dem Güterabwägungsprinzip aufgebaut war.
Sie merken sich als Abgrenzungskriterien also vorerst die Stichworte „kein rechtswidriger Angriff" und „Güterabwägung".

FALL 22: Auf einer einsamen Straße findet ein Jäger ein stark blutendes Verkehrsopfer. Als nach einiger Zeit ein Autofahrer vorbeikommt, aber gleich wieder weiterfahren will, zwingt er den widerspenstigen Fahrer mit vorgehaltener Waffe, den Verletzten ins nächste Krankenhaus zu fahren. Ist unser Nimrod strafbar?
In Frage kommen Nötigung, § 240, und Freiheitsberaubung, § 239.
Jedenfalls sind die Tatbestände der §§ 239 und 240 erfüllt. Notwehr, § 32, entfällt, weil der Fahrer kein Angreifer ist.
Bitte lesen Sie jetzt § 34, und zwar „andächtig" Wort für Wort, und prüfen Sie, ob diese Bestimmung auf unseren Fall paßt.
Da Gesundheit und vielleicht auch Leben des Verletzten in Gefahr waren und die Gefahr nicht anders abgewendet werden konnte, und andererseits Gesundheit und Leben höheren Wert haben als Freiheit der Willensentschließung, ist § 34 (**rechtfertigender Notstand**) einschlägig.
Ergebnis: Der wackere Waidmann hat zwar tatbestandsmäßig, aber nicht rechtswidrig gehandelt.

FALL 23: Der Fahrer eines Krankenwagens überschreitet die zulässige Höchstgeschwindigkeit und überfährt an einer übersichtlichen Kreuzung eine rote Ampel, um einen Schwerverletzten in die Klinik zu bringen.
Die Verkehrsdelikte sind gerechtfertigt nach § 34, da die Güterabwägung zwischen der konkreten Lebensgefahr für den Patienten und der **abstrakten Gefahr** für die Verkehrsteilnehmer zugunsten des Patienten zu entscheiden ist. Bei gleichwertigen Rechtsgütern (Leben des Patienten und der Verkehrsteilnehmer) entscheidet der Grad der drohenden Gefahr.

FALL 24: Ein Polizist weigert sich, einem bewaffneten Bankräuber zu folgen, der mit seiner Beute flieht. Kann er sich auf Güterabwägung nach § 34 berufen?

Zwar ist das Leben ein höheres Gut als Vermögen oder Interessen der Strafverfolgung, aber von Berufs wegen sind Polizisten ebenso wie Feuerwehrleute, Soldaten usw. zu **erhöhter Gefahrtragung** verpflichtet. Auf Grund der sozialethischen Gesamtwertung greift daher § 34 zugunsten des Polizisten nicht ein.

Rechtfertigungsgründe nach BGB

FALL 25: Bei einem parkenden Auto löst sich die Handbremse, und es rollt über eine abschüssige Straße auf spielende Kinder zu. In letzter Sekunde wirft ein geistesgegenwärtiger Fußgänger ein abgestelltes Moped vor den Wagen. Dieser kommt zum Stehen, wird aber ebenso wie das Moped beschädigt. Wir prüfen, ob a) die Beschädigung des Wagens und b) die Beschädigung des Mopeds gerechtfertigt sind.

Bei beiden Objekten liegt Sachbeschädigung, § 303, vor, und beide Male entfällt mangels Angriff durch einen Menschen § 32, Notwehr. An sich ist Notstand nach § 34 gegeben. An dieser Stelle müssen wir aber etwas genauer werden.

a) So wie § 34 nur anzuwenden ist, wenn § 32 entfällt, ist diese Bestimmung selbst nur heranzuziehen, wenn nicht die spezielleren Tatbestände der §§ 228, 904 BGB eingreifen. § 228 (**Sachwehr** = Defensivnotstand) enthält die gleichen Gesichtspunkte wie § 34 mit der Besonderheit, daß eine Sache beschädigt wird, von der die Gefahr droht. Genau das ist beim Auto der Fall; der Rechtfertigungsgrund des § 228 BGB liegt hier vor.

b) Beim Moped paßt § 228 nicht, da von ihm keine Gefahr ausging. Hier ist § 904 BGB einschlägig, der sog. **Sacheingriff**. Man spricht auch vom Aggressivnotstand, weil sich der Täter sozusagen nicht gegen eine Sache verteidigt, sondern selbst eine unbeteiligte Sache angreift.

Ergebnis: Da die Verhältnismäßigkeit zwischen abgewendetem und entstehendem Schaden bei Auto und Moped gewahrt ist, greifen die Rechtfertigungsgründe der §§ 228 bzw. 904 BGB ein. – Zum Schluß eine Verständnisfrage: Wie unterscheiden sich beide Bestimmungen des BGB außer durch die aggressive bzw. defensive Konstellation noch? Bitte prüfen Sie den Text Wort für Wort!

Sie sehen: Der Unterschied liegt auch in dem Umfang des vertretbaren Schadens. Wir unterscheiden im § 228 BGB „Schaden nicht außer Verhältnis zu der Gefahr“ und im § 904 BGB „der drohende Schaden gegenüber dem ... entstehenden Schaden unverhältnismäßig groß“. Beim Sacheingriff kann sich der

Handelnde also nicht soviel erlauben, wie bei der Sachwehr; denn hier muß der **drohende** Schaden wesentlich größer sein als der angerichtete.
Anmerkung: An einigen Hochschulorten kann man seinen eigenen Gesetzestext nicht in die Prüfung mitnehmen, weil die benötigten Bücher von der Prüfungskommission gestellt werden. Für Studenten dieser Hochschulen gelten die vorgeschlagenen Randvermerke und Unterstreichungen natürlich nicht: denn wir wollen ja von Anfang an möglichst prüfungsnah arbeiten.

FALL 26: Wie im Fall 5 wirft der 10jährige Max, bis dato antiautoritär erzogen, dem 7jährigen Moritz mutwillig einen Stein ins Gesicht. Bloß beobachtet diesmal sein Vater den Vorfall, überdenkt seine Erziehungsprinzipien und verpaßt seinem aggressiven Sprößling eine Ohrfeige. Strafbarkeit des Vaters nach § 223?
Hier rechtfertigt das elterliche **Erziehungsrecht** nach §§ 1626, 1631 BGB die Backpfeife. „Mißhandlung" (§ 1631 II BGB) verneinen wir, da die Ohrfeige vom Erziehungszweck geboten und der Verfehlung angemessen war.
Weil wir gerade bei der Prügelpädagogik sind: Früher wurde allgemein ein gewohnheitsrechtliches Züchtigungsrecht der Volks- und z. T. auch der Berufsschullehrer angenommen. Dieser Rechtfertigungsgrund wird aber mittlerweile nicht mehr anerkannt.

Pflichtenkollision und Einwilligung

FALL 27: Bei einem Schiffsunglück sieht A seine Kinder B und C in seiner Nähe schwimmen; sie drohen zu ertrinken. A selbst ist so geschwächt, daß er nur ein Kind über Wasser halten kann. Er rettet das Kind B. C ertrinkt.
Hier müssen wir der Lektion „Unterlassungsdelikte" vorgreifen und feststellen, daß Eltern auf Grund ihrer Pflicht zur Personensorge nach §§ 1626, 1631 BGB ihren Kindern in Notlagen helfen müssen. Tun sie es nicht, sind sie z. B. für den tödlichen Ausgang ebenso verantwortlich, als wenn sie ihn selbst aktiv herbeigeführt hätten. Wir gehen davon aus, daß § 212, Tötung durch Unterlassen, vorliegt.
§ 34 greift nicht ein, weil uns eine Güterabwägung wegen der Gleichwertigkeit von Menschenleben nicht weiterbringt. Für unseren Fall hat die Rechtsprechung den Rechtfertigungsgrund der **rechtfertigenden Pflichtenkollision** entwickelt. Da A nicht

B und C zugleich retten konnte, hatte er die Wahl, welcher der gleichwertigen Rettungspflichten er nachkommen wollte.
Bei rangverschiedenen Handlungspflichten (z. B. Rettung von Leben oder Eigentum) entfällt das Wahlrecht freilich. – Da A in Kenntnis der Kollisionslage gehandelt hat, kommen wir zu folgendem Ergebnis: Die Tötung durch Unterlassen ist wegen Pflichtenkollision gerechtfertigt.

FALL 28: A läßt sich beim Zahnarzt B einen Zahn ziehen. Strafbarkeit des B?
Da die körperliche Integrität des A verletzt ist, liegt der Tatbestand des § 223 vor. Die Rechtsprechung sieht allgemein in der **Einwilligung** des Verletzten einen Rechtfertigungsgrund, so daß die Körperverletzung nicht rechtswidrig ist. Das ergibt sich hier auch noch aus § 228.

FALL 29: Der unheilbare kranke A kann seine Schmerzen nicht mehr ertragen und bittet den Arzt B, ihn durch eine Überdosis Morphium von seinem Leiden zu erlösen. B tut es.
Wie Sie § 216 entnehmen können, ist das Leben ein **unverzichtbares** Rechtsgut. Die Einwilligung rechtfertigt B nicht; sie führt nur zu einer mildernden Bestrafung der Tötung, § 216.

FALL 30: Mehrere Rocker, darunter A und B, veranstalten nachts auf einer Landstraße ein Motorrad-Rennen und vereinbaren, daß die gesetzlichen Regeln beim Überholen nicht gelten sollen. Ein Polizist beobachtet wie A von B rechts überholt wird. Strafbarkeit des B?
§ 315 c I Ziff. 2 b ist erfüllt. Da aber nicht nur A konkret gefährdet, sondern auch die Verkehrssicherheit allgemein beeinträchtigt wurde, kann die Einwilligung des A in diesem Fall nicht genügen, weil bezgl. dieses verletzten Rechtsgutes der A nicht Verfügungsberechtigter war.
Ergebnis: B ist nicht durch Einwilligung gerechtfertigt.

FALL 31: Wieder zieht der Zahnarzt B dem A einen Zahn, bloß ist A diesmal erst 16 Jahre alt.
Nach §§ 106, 107 BGB ist die Willenserklärung des minderjährigen A nicht wirksam. Für die strafrechtliche **Einwilligungsfähigkeit** reicht aber die Einsicht in die Bedeutung und Tragweite der Einwilligung aus. Dies kann bei einem 16jährigen ohne weiteres unterstellt werden; Geschäftsfähigkeit im Sinne des BGB ist nicht erforderlich.

Ergebnis: Die Körperverletzung ist durch Einwilligung gerechtfertigt.

FALL 32: Ein religiöser Fanatiker läßt sich von X die Augen ausstechen, um durch irdische Leiden um so größere himmlische Freuden zu erwerben. Strafbarkeit des X?
Gesundheit und Augenlicht sind zwar keine unverzichtbaren Rechtsgüter, aber trotz der Einwilligung verstößt die **Tat gegen die guten Sitten**, § 228.
Ergebnis: X ist trotz Einwilligung nach §§ 223, 224 und 226 strafbar.

FALL 33: Ein Sittlichkeitsverbrecher (S) wird wegen guter Führung vorzeitig entlassen und beschließt, sich freiwillig kastrieren zu lassen, um nicht rückfällig zu werden. Am Tag vor dem Eingriff feiert er feuchtfröhlich Abschied von seiner Männlichkeit und landet betrunken im Straßengraben. Ein Amtsarzt (A), der den seinerzeitigen Strafprozeß empört verfolgt hatte, erkennt den Betrunkenen und entmannt ihn kurzentschlossen, ohne zu wissen, daß S am nächsten Tag sowieso zu ihm kommen wollte. Strafbarkeit des A?
Die freiwillige Kastration ist in einem eigenen Gesetz geregelt, also kann eine Kastration als solche nicht gegen die guten Sitten verstoßen (§ 228). An sich wäre die Körperverletzung (§§ wie im Fall vorher) auch wegen Einwilligung gerechtfertigt, wenn A davon gewußt hätte. Die Rechtsprechung hält die Einwilligung dem Täter aber nur zugute, wenn er **in Kenntnis der Einwilligung handelt**.
Ergebnis: A hat rechtswidrig gehandelt.
Anmerkung: Das Erfordernis der Kenntnis des Rechtfertigungsgrundes ist ein allgemeiner Rechtsgedanke und gilt natürlich auch bei den anderen Rechtfertigungsgründen (vgl. oben Fall 18).

FALL 34: Ein Notarzt (A) operiert ein bewußtloses Verkehrsopfer.
Soweit die Körperverletzung durch A nicht schon auf Grund Notstands nach § 34 gerechtfertigt ist, reicht hier die **mutmaßliche Einwilligung** als Rechtfertigungsgrund, weil die ausdrückliche Einwilligung nicht eingeholt bzw. abgewartet werden konnte.

FALL 35: X bittet seinen Freund (F) für ihn 10,– DM bei der Post einzuzahlen, und gibt ihm zwei 5,– DM-Münzen. F zahlt

mit einem eigenen 10,– DM-Schein und verwendet die Münzen bei einem Automaten für sich selbst. Strafbarkeit des F wegen veruntreuender Unterschlagung (§ 246, Abs. 2)?
X hatte kein Interesse daran, daß die Post ausgerechnet mit Münzen bezahlt wurde. Daher konnte F auch das Einverständnis des X voraussetzen.
Ergebnis: F ist nach dem Prinzip des **fehlenden Interesses** durch Einwilligung gerechtfertigt.

FALL 36: X leidet an Anfällen, bei denen er gewalttätig wird. Er bittet seinen Freund (F), ihn hierbei im Zimmer einzusperren und erst nach dem Anfall herauszulassen. – Bitte lesen Sie § 239 I genau und prüfen Sie dann Tatbestandsmäßigkeit und Rechtswidrigkeit.
Da § 239 die Freiheit der Willensbetätigung schützen will, liegt eine Verletzung schon tatbestandlich nicht vor, wenn der Betroffene (in unserem Fall X) in die Beeinträchtigung einwilligt. Die **tatbestandsausschließende Einwilligung** wird Einverständnis genannt.
Weitere Strafbestimmungen, die ein Handeln gegen den Willen des Verletzten voraussetzen, sind z. B. §§ 123, 177, 240, 242, 253. (In diesen Fällen läßt die Einwilligung schon die Tatbestandsmäßigkeit entfallen, nicht erst die Rechtswidrigkeit).
Bitte wie üblich lesen.
Ergebnis: Schon der Tatbestand des § 239 ist nicht erfüllt. Rechtfertigungsgründe sind nicht mehr zu prüfen.
Schließlich wieder die Zusammenfassung:

Übersicht 5:

(Die wichtigsten Rechtfertigungsgründe)

	gesetzl. Regelung	typische Merkmale
Notwehr	§ 32	rechtswidrig angreifender **Mensch** wird verletzt
rechtfertigender Notstand	§ 34	Gefahr für ein Rechtsgut wird durch Verletzung eines anderen Rechtsguts abgewendet (Güterabwägung)
Sachwehr (Defensivnotstand)	§ 228 BGB	gefahrbringende **Sache** wird beschädigt oder zerstört (Güterabwägung)

Sacheingriff (Aggressivnotstand)	§ 904 BGB	Gefahr für ein Rechtsgut wird durch Einwirkung auf unbeteiligte **Sache** abgewendet (Güterabwägung)
Einwilligung	nur z. T. vgl. §§ 216, 228	tatsächliche oder mutmaßliche Einwilligung des Verletzten
Elterliches Erziehungsrecht	§§ 1626, 1631 BGB	körperliche Züchtigung
rechtfertigende Pflichtenkollision	keine	Unterlassungsdelikt wird verwirklicht, weil zwei gleichwertige Garantenpflichten kollidieren

Zum Schluß noch zwei weitere Rechtfertigungsgründe, die Sie im Gesetz nachschlagen sollten: § 229 BGB (**Selbsthilfe**) und § 127 Abs. 1 der Strafprozeßordnung (**Festnahmerecht**).

Leitsatz 4:

(Einwilligung als Rechtfertigungsgrund)

Der tatsächlichen Einwilligung steht die mutmaßliche gleich, und zwar bei Handeln im Interesse des Betroffenen (Fall: bewußtloses Verkehrsopfer) oder nach dem Prinzip des fehlenden Interesses (Fall: Auswechseln von gleichwertigen Geldscheinen).
Eine tatbestandsmäßige Handlung ist durch Einwilligung des Verletzten gerechtfertigt, wenn folgende Punkte vorliegen:

1. Verzicht auf das betreffende Rechtsgut muß überhaupt zulässig sein; unzulässig z. B. Verzicht auf Leben, § 216.
2. Der Einwilligende muß Alleininhaber des betreffenden Rechtsguts sein; Verzicht ausgeschlossen, wenn z. B. auch öffentliches Interesse berührt.
3. Die Einwilligung muß ohne Täuschung oder Drohung zustandegekommen sein; Geschäftsfähigkeit oder andere Maßstäbe des BGB sind aber grundsätzlich nicht heranzuziehen.
4. Die Tat als solche darf nicht gegen die guten Sitten verstoßen.
5. Der Täter muß in Kenntnis der Einwilligung gehandelt haben.

5. Lektion: Grundbegriffe der Schuld

Bevor Sie weiterlesen, sollten Sie sich nicht nur Rechenschaft darüber geben, ob Sie alle angeführten §§ nachgeschlagen und alle an Sie gerichteten Fragen dieses Buches überdacht haben, sondern auch darüber, ob Sie alles verstanden haben.
Sollte etwas unklar geblieben sein, so machen Sie sich die Mühe, es noch einmal zu lesen. Es lohnt sich, denn in diesem Lehrgang baut eins auf dem anderen auf, und wenn Sie schon am Anfang eine Unklarheit bestehen lassen, werden Sie beim weiteren Lesen in immer mehr Unklarheiten hineingeraten. Entschuldigen Sie die häufigen „guten Ratschläge“, aber erfahrungsgemäß werden sie ohne gelegentliche Wiederholung nicht beachtet.
Wenden wir uns nun der Schuld zu, vgl. Leitsatz 1.
Für sein rechtswidriges Verhalten kann ein Mensch nur dann strafrechtlich zur Rechenschaft gezogen werden, wenn ihm auch ein persönlicher **Schuld**vorwurf gemacht werden kann.
Die Voraussetzungen, die aus der rechtswidrigen Tat einen persönlichen Schuldvorwurf gegen den Täter begründen, sind:
a) Schuldfähigkeit
b) Vorsatz oder Fahrlässigkeit
c) Unrechtsbewußtsein
d) Fehlen von Entschuldigungsgründen.

Schuldfähigkeit

FALL 37: Der trinkfeste Jurastudent Becherer hat sein Referendarexamen mit Note „gut“ geschafft und feiert den Erfolg in feuchtfröhlicher Runde. Beim Aufbruch bemerkt er ein neues Fahrrad vor der Gaststätte und stiehlt es, wird aber dabei beobachtet. Als er in seine Wohnung kommt, wartet schon die Polizei auf ihn. Es wird festgestellt, daß B drei Promille hatte. Strafbarkeit des B?
Um zum Hauptproblem des Falles zu kommen, wollen wir uns kurz fassen. B hat den Tatbestand des § 242 (Diebstahl) rechtswidrig erfüllt. Problematisch ist nur seine **Schuldfähigkeit**. Bitte prüfen Sie § 20!
Uns interessiert die Stelle „... wer infolge tiefgreifender Bewußtseinsstörung unfähig ist, das Unrecht der Tat einzusehen **oder** nach dieser Einsicht zu handeln“. Wer schon einmal einen Ordonnanzrausch gehabt hat, wird die entsprechende Bewußtseinsstörung hier sofort bejahen und B zumindest die Unfähigkeit zubilligen, nach einer eventuellen Einsicht in das Unrecht

der Tat zu handeln. Bei einem Blutalkoholwert von 3 Promille aufwärts ist nach der Rechtsprechung § 20 StGB i. d. R. gegeben.
Ergebnis: B hat zwar tatbestandsmäßig und rechtswidrig, aber nach § 20 nicht schuldhaft gehandelt und ist daher nicht wegen Diebstahls strafbar.
Allerdings fällt er unter § 323 a (Strafbarer Vollrausch). Bitte genau lesen und bei § 20 notieren!

FALL 38: Wie vorher entwendet Becherer ein Fahrrad in berauschtem Zustand, bloß hat er diesmal nur 2,0 Promille. Strafbarkeit?
Nachdem uns B als trinkfest bekannt ist, können wir ihm hier keine „tiefgreifende Bewußtseinsstörung" nach § 20 zubilligen. Er kann lediglich eine Strafmilderung gem. §§ 21, 49 bekommen, da nach der Rechtsprechung ab 2,0 Promille eine Verminderung der Schuldfähigkeit im allgemeinen naheliegt.

FALL 39: Der Jungjurist Becherer ist mittlerweile Assessor und wird einem mürrischen Vorgesetzten zugewiesen, der mehr Hunde- als Menschenfreund ist. B entschließt sich, für die häufigen Schikanen Rache zu nehmen und den Lieblingshund seines Chefs umzubringen. Da die Sache für einen Beamten ziemlich riskant ist, trinkt er sich drei Promille Mut an und wirft dann eines Nachts dem Vierbeiner eine vergiftete Wurst vor, die auch prompt ihre Wirkung tut. Strafbarkeit des B, wenn der Geschädigte Strafantrag stellt?
Wir können davon ausgehen, daß der Tatbestand der Sachbeschädigung nach § 303 rechtswidrig erfüllt ist, da Tiere im Strafrecht als Sachen gelten (anders im Zivilrecht: vgl. § 90 a BGB).
An sich entfiele wieder die Schuld des Becherer über § 20, weil er ja wieder 3‰ intus hatte. Dieses Ergebnis erscheint uns allerdings merkwürdig, und zwar deshalb, weil B seine Tat im nüchternen Zustand vorgeplant hatte. – Zu Recht wird daher hier allgemein der Schuldvorwurf aufrechterhalten. Nach allgemeiner Meinung kann auch dem schuldunfähigen Täter ein Schuldvorwurf gemacht werden, wenn er in schuldfähigem Zustand zur Tat entschlossen ist und Alkohol zu sich nimmt, obwohl er unter Billigung des Erfolges damit rechnet, daß er im Zustand alkoholischer Schuldunfähigkeit die geplante Tat begehen wird. Dies muß erst recht für den gelten, der sich Mut antrinkt, um die Tat nach Entfallen der Hemmungen auszuführen (**vorsätzliche actio libera in causa**).

Da wir hier bereits eine vorsätzliche Sachbeschädigung gem. § 303 bejahen können, ist § 323 a nicht mehr einschlägig.

FALL 40: Die Abneigung des Assessors Becherer gegen seinen Vorgesetzten wächst täglich, und er unterdrückt nur mühsam den Wunsch, ihn einmal kräftig zu verprügeln. Anläßlich eines Juristentreffens betrinkt sich B (3‰) und versetzt nun dem Vorgesetzten vor versammelter Mannschaft eine schallende Ohrfeige. Bei seinem Besäufnis hatte sich Becherer zwar noch nicht zur Tat entschlossen, wußte aber, daß er sich in angetrunkenem Zustand gern etwas außerhalb der Legalität bewegt. Strafbarkeit?

Während im vorigen Fall der Taterfolg bei Beginn der Zecherei vorsätzlich ins Auge gefaßt wurde, konnte B hier allenfalls vermuten bzw. vorhersehen, daß er die Tat begehen würde, mit der er schon immer geliebäugelt hatte.

Ergebnis: Wegen **fahrlässiger actio libera in causa** ist B ebenso strafbar wie im Fall vorher; denn er hätte im schuldfähigen Zustand vorhersehen können, daß er im schuldunfähigen Zustand die konkrete Straftat begehen würde. B ist also wegen fahrlässiger Körperverletzung gem. § 229 strafbar. Bevor wir hier weitermachen, lesen Sie bitte §§ 19 StGB und 1 und 3 JGG über die Schuldunfähigkeit von Kindern und Jugendlichen, dann noch einmal § 20 über die Schuldunfähigkeit (Unzurechnungsfähigkeit) allgemein. § 20 war im alten StGB als „§ 51“ eine der populärsten Bestimmungen und wurde auch scherzhaft „Jagdschein“ genannt. Auf den „Jagdschein“ sollte aber niemand zu sehr bauen, denn Jäger dieser Art können in die Nervenklinik eingewiesen werden, § 63!

Vorsatz und Fahrlässigkeit

FALL 41: Ein Pfarrer im Bayerischen Wald wettert oft von der Kanzel gegen das Übel der Mischehe. Das mißfällt dem Landwirt L, der seine protestantische Braut gar nicht so übel findet. Als der Pfarrer im Sommer am offenen Fenster im 1. Stock beim Abendessen sitzt, wirft er ihm einen Knallfrosch ins Zimmer, um ihn zu erschrecken. Ihm ist es aber auch gleich, „wenn der Schwarze etwas abbekommt“, wie er später in der Verhandlung zugibt. Der Kleriker erleidet leichte Verletzungen.

Wenn keine weiteren Fragen gestellt werden, ist nach der Strafbarkeit des oder der Beteiligten gefragt. – Im gegebenen Fall wollen wir nicht die Frage nach einfacher oder gefähr-

licher Körperverletzung, §§ 223 bzw. 224, erörtern und – anders als in Klausur – gleich auf ein bestimmtes Problem zusteuern: Hat sich L der **vorsätzlichen** oder der **fahrlässigen** Körperverletzung schuldig gemacht?
Unter Vorsatz im Sinne des Strafrechts versteht man das Wissen und Wollen der zum gesetzlichen Tatbestand gehörenden Merkmale, also aller objektiven Tatbestandsmerkmale. Dabei unterscheidet man drei Arten des Vorsatzes: 1. die Absicht, 2. den direkten Vorsatz (dolus directus) und 3. den bedingten Vorsatz (dolus eventualis). Während es dem mit **Absicht** Handelnden auf den Erfolg ankommt und der mit **direktem Vorsatz** Handelnde den Erfolg als sicheres Ergebnis in seine Vorstellung aufgenommen hat, hält ihn der Täter beim **bedingten Vorsatz** nur für möglich, nimmt ihn aber für den Fall des Eintretens billigend in Kauf („Na wenn schon"). Alle Vorsatzarten sind grundsätzlich gleichwertig.
Zwar kam es im vorliegenden Fall dem L nicht darauf an, den Pfarrer zu verletzen, dennoch nahm er die Verletzung billigend in Kauf, er handelte also vorsätzlich (dolus eventualis).
Ergebnis: § 223 ist erfüllt, nicht § 229.

Tatbestandsirrtum

FALL 42: Der Jäger J nimmt an einer Wildschweinjagd teil. Als er es hinter einem Busch im Laub rascheln hört und obendrein ein Grunzen vernimmt, schießt er los. Er erlegt auf diese Weise den Dorfpfarrer, der auf einem Waldspaziergang sein Brevier gebetet und sich zwischendurch geschneuzt hatte.
Wenden wir uns sofort der Prüfung der Schuld zu.
Hat J vorsätzlich getötet? § 212?
Da Vorsatz im Sinne des StGB Wissen und Wollen aller objektiven Tatbestandsmerkmale (hier des § 212) ist, handelt derjenige, der bei der Begehung der Tat einen Umstand der Tat nicht kennt, der zum gesetzlichen Tatbestand gehört, **nicht vorsätzlich**, vgl. § 16 StGB. Diesen Fall nennt man den **Tatbestandsirrtum (§ 16)**.
Da J ein Wildschwein und nicht den Pfarrer töten wollte, war ihm das objektive Tatbestandsmerkmal „Tötung eines **Menschen**" des § 212 nicht bekannt, er handelte also ohne Vorsatz i. S. des § 212; § 16. (Daß beide verwechselten Objekte im Volksmund „Schwarzkittel" heißen, ist für unsere Rechtsfrage ohne jede Bedeutung!)
Ergebnis: J ist nur wegen fahrlässiger Tötung, § 222, strafbar.

FALL 43: Die Pfarrersköchin K wird von ihrem Arbeitgeber in puncto Alkohol kurzgehalten. Da sie aber öfters vom Durst übermannt wird, ist sie Stammgast in einer Kneipe in der Kreisstadt. Dabei kratzt sie auch gerne ein paar Striche von ihrem Bierdeckel, um weniger zu bezahlen. Als sie wegen Urkundenfälschung angezeigt wird, wendet sie ein, sie habe nicht gewußt, daß der Bierdeckel eine Urkunde sei. Wir prüfen zunächst nur die Frage der Strafbarkeit nach § 267.
K hat den Tatbestand des § 267 durch Verfälschen einer echten Urkunde rechtswidrig erfüllt. **Urkunden** im Sinne dieser Vorschrift sind verkörperte Erklärungen, die ihrem gedanklichen Inhalt nach geeignet und bestimmt sind, für ein Rechtsverhältnis Beweis zu erbringen und die ihren Aussteller erkennen lassen. Urkundsqualität besitzen ferner die sog. **Beweiszeichen**, zu denen die Rechtsprechung auch die Striche auf dem Bierfilz rechnet.
Da das Verfälschen einer Urkunde objektives Tatbestandsmerkmal des § 267 StGB ist, handelte K nur bei Kenntnis der Urkundsqualität des mit Strichen versehenen Bierdeckels vorsätzlich (vgl. § 16 StGB).
Ist der Einwand der K, sie habe nicht gewußt, daß der Bierdeckel eine Urkunde in diesem Sinne sei, beachtlich?
Das Tatbestandsmerkmal „Urkunde“ setzt zur Erkenntnis seines Sinngehalts eine Wertung voraus. Bei diesen **wertenden** oder auch **normativ** genannten **Tatbestandsmerkmalen** (wie z. B. auch „fremd“ in § 242) gehört zum Vorsatz nicht die rechtsrichtige Beurteilung, sondern es genügt die dem Gesetz entsprechende Wertung, die vom Täter vorgenommene **„Parallelwertung in der Laiensphäre“**, also die laienhafte Erfassung des Bedeutungssinns des Tatumstandes im sozialen Leben.
Da der K im vorliegenden Fall sicherlich bewußt war, daß die Striche auf dem Bierdeckel Beweis für die Anzahl der von ihr bestellten Biere erbringen und Grundlage für die Abrechnung mit dem Wirt sein sollten, hatte K von ihrer persönlichen Gedankenwelt aus den rechtlichen Sinngehalt des Urkundsbegriffs – wenn auch laienhaft, so doch richtig – erkannt. Ein Tatbestandsirrtum gem. § 16 liegt deshalb in diesem Fall nicht vor. K handelte vorsätzlich i. S. des § 267.

FALL 44: Der Bauernbursch B lauert in der Dämmerung vor dem Pfarrhof dem Kaplan seines Heimatortes auf, weil er überzeugt ist, daß dieser sein Mädchen verführt hat. Als eine schwärzliche Gestalt aus der Türe tritt, glaubt B, seinen Nebenbuhler vor sich zu haben, und plaziert einen Blattschuß. Es stellt sich aber heraus, daß er nicht den Kaplan, sondern den Pfarrer erschossen hat. Denken Sie bitte an den Wildsaufall von vorher und prüfen Sie dann, ob ein vorsätzliches oder fahrlässiges Tötungsdelikt vorliegt.

Wenn man die Sache ganz abstrakt betrachtet, könnte man unter Umständen wieder an eine bloße Fahrlässigkeitstat denken, denn den Hochwürdigen Herrn wollte B auf keinen Fall zur Strecke bringen. Praktisch gesehen aber müßte man sagen: Mensch ist Mensch. B hat den konkreten Menschen getötet, den er vor sich sah; seine Vorsatztat ist vollendet. Das letztere ist herrschende Meinung. Wir wollen es bloß noch etwas juristischer formulieren: beim **Irrtum über das Handlungsobjekt** (error in persona vel objecto) entfällt der Vorsatz nur bei Ungleichwertigkeit der Objekte, also z. B. Wild und Mensch (mit der Folge, daß der Täter nur wegen versuchter Tötung strafbar ist, wenn er auf einen Menschen zu schießen glaubt, in Wirklichkeit aber ein Tier vor sich hat).

Ergebnis: B ist hier wegen eines vorsätzlichen Tötungsdelikts strafbar; § 16 kommt ihm nicht zugute.

FALL 45: Wieder will unser Bauernbursch B den vitalen Kaplan erschießen. Bloß ist es diesmal Winter und das Opfer ist unterwegs zu einem Einödhof in den Bergen. Der Schuß geht fehl. Durch den Knall wird eine Lawine ausgelöst, die den Kirchenmann tötet. Strafbarkeit des B?

In Frage kommt wegen der heimtückischen Begehung vor allem Mord, § 211. Die Kausalität ist nach der vorherrschenden Bedingungstheorie (conditio sine qua non) zu bejahen, problematisch ist der Vorsatz. Zwar war der Tod gewollt, aber er ist anders eingetreten als erwartet. Wir wollen uns daher das Wesen des Vorsatzes noch einmal klar vor Augen halten. **Der Vorsatz muß alle Tatbestandsmerkmale umfassen**, gleichsam ihr Spiegelbild sein. Das bedeutet hier, daß B Handlung plus Erfolg plus **Kausalität** in sein Vorstellungsbild aufgenommen haben muß.

Da regelmäßig nicht alle Einzelheiten des Geschehenablaufes vorhersehbar sind, ist nur erforderlich, daß der Täter den Kausalverlauf im wesentlichen richtig beurteilt. Da in unserem Fall die Lawine kaum vorhersehbar war, konnte sie der Täter auch nicht in seinen Vorsatz aufnehmen, ergo kann ihn der Tod des Kaplans nicht als vorsätzlich verursacht zugerechnet werden. Ergebnis: B irrte über das objektive Tatbestandsmerkmal des Kausalverlaufes gemäß § 16 und ist nur wegen Mordversuches,

§§ 211, 22 strafbar. Die Frage der fahrlässigen Tötung, § 222, soll hier nicht geprüft werden.

FALL 46: Vor dem Pfarrhof lauert B dem Kaplan auf, der auch wirklich aus der Tür tritt. B verfehlt sein Ziel und erschießt den Pfarrer, der seinen Amtsbruder gerade verabschiedet. Vorsätzliches oder fahrlässiges Tötungsdelikt?

Der Unterschied vom vorletzten Fall liegt darin, daß der Ursachenverlauf hier nicht den Vorstellungen des Täters entsprach. Es handelt sich um ein **Fehlgehen der Tat** (aberratio ictus), welches wegen des wesentlich abweichenden Kausalverlaufes dazu führt, daß hier vollendeter Mord an dem Pfarrer in Betracht kommen kann, weil der Irrtum über den Kausalverlauf hier ein Irrtum i. S. des § 16 ist. Übrig bleibt versuchter Mord (an K) und fahrlässige Tötung des Pfarrers. Während beim Irrtum über das Handlungsobjekt das konkrete Objekt getroffen wird, auf welches der Täter zielt, trifft der Täter beim Fehlgehen der Tat (Merkwort: „Daneben getroffen") nicht das Objekt, auf welches er zielt.

Wie beurteilen Sie folgenden

FALL 47: Der Mörder schlägt sein Opfer nieder, glaubt es tot und gräbt es ein oder wirft es in eine Jauchegrube. Erst hier stirbt es.

In diesen Fällen erreicht der Täter den ursprünglich angestrebten Tötungserfolg erst durch sein weiteres Handeln ungewollt, weil er schon vom Tod des Opfers überzeugt ist. Gerechterweise muß man sagen: Im Gegensatz zu Fall 45 weicht der tatsächliche Kausalverlauf vom vorgestellten nicht so kraß ab, daß man einen Tatbestandsirrtum – genauer: Irrtum über den Kausalverlauf – nach § 16 I annehmen könnte. Ganz allgemein sind nach der Auffassung des Bundesgerichtshofs (BGH) und des größten Teils der Literatur **Abweichungen vom vorgestellten Kausalverlauf** unerheblich, wenn sie sich noch innerhalb der Grenzen des nach allgemeiner Lebenserfahrung Voraussehbaren halten und keine andere Bewertung der Tat rechtfertigen.

Ergebnis: Bezüglich des Todeserfolges ist hier zumindest bedingter Vorsatz anzunehmen. Früher sprach man von einem Generalvorsatz (dolus generalis), der das ganze Verhalten des Täters bestimmt. Der BGH liefert hier aber wohl die präzisere Definition.

Wir fassen zusammen:

Leitsatz 6:

(Schuldfähigkeit und Vorsatz)

1. Schuld im Sinne des Strafrechts ist Vorwerfbarkeit der Tat. Sie entfällt vor allem bei Kindern, Geisteskranken oder bei Vollrausch (§§ 19, 20). Wer sich berauscht, obwohl er weiß oder vorhersehen kann, daß er eine **konkrete** Straftat begehen wird, ist so zu bestrafen, als wäre er nicht berauscht gewesen. Begründung: Vorsätzliche oder fahrlässige actio libera in causa. Selbst wenn das nicht der Fall ist, bleibt immer noch § 323 a (strafbarer Vollrausch) zu prüfen.
2. a) Vorsatz ist Wissen und Wollen der zum Tatbestand gehörenden Merkmale. Daß der Täter Rechtsbegriffe wie z. B. „Urkunde" richtig auslegt, ist nicht erforderlich, wenn er nur die Bedeutung dieses Tatbestandsmerkmals im sozialen Leben richtig erfaßt (Parallelwertung in der Laiensphäre).
   b) Absicht, direkter Vorsatz und bedingter Vorsatz sind grundsätzlich gleich zu beurteilen. Bedingter Vorsatz ist anzunehmen, wenn der Täter den Erfolg nicht direkt anstrebt, aber billigend in Kauf nimmt. Stichwort zur Abgrenzung: „Na wenn schon" (bedingter Vorsatz) und „es wird schon gut gehen" (kein Vorsatz, sondern bewußte Fahrlässigkeit).
   c) Kennt der Täter ein objektives Tatbestandsmerkmal nicht, so handelt er in vorsatzausschließendem Tatbestandsirrtum, § 16.
   d) Der Vorsatz muß alle Tatbestandsmerkmale umfassen, auch den Kausalverlauf in groben Zügen. Unwesentliche Abweichungen vom vorgestellten Ablauf sind aber regelmäßig unerheblich, so z. B. wenn das vermeintlich schon tote Mordopfer erst stirbt, wenn es der Mörder in eine Jauchegrube wirft.
   e) Irrtum über das Handlungsobjekt (error in persona vel objecto) ändert nichts am Vorsatz, wenn z. B. der Schuß sein Ziel bestimmungsgemäß erreicht hat und das Objekt gleichwertig war, also z. B. infolge Personenverwechslung ein anderer Mensch erschossen wird. Stichwort: Schlechte Beobachtung.

Ein Fehlgehen der Tat (aberratio ictus) schließt den Vorsatz aus, weil hier der Schuß nicht ins Ziel kommt und allenfalls einen anderen trifft. Folge: Bloßer Versuch, u. U. kombiniert mit Fahrlässigkeitstat. Stichwort: Schlechter Schütze.

6. Lektion: Unrechtsbewußtsein, Entschuldigungsgründe und Strafausschließungsgründe

Unrechtsbewußtsein und Verbotsirrtum

FALL 48: Ein 21jähriger Student (S) aus Afrika beginnt sein Studium in Deutschland und verführt schon im 1. Semester ein 13jähriges Mädchen. Angeklagt nach § 176 wendet er ein, daß in seiner Heimat ein entsprechendes Verbot nicht existiert und daß ihm die Strafbarkeit nach deutschem Recht nicht bekannt gewesen war.

Der Tatbestand des § 176 ist rechtswidrig erfüllt. Da S den sexuellen Kontakt auch bewußt herstellte, bleibt sein Vorsatz durch die Unkenntnis der Verbotsnormen unberührt. Es fehlt ihm allerdings das Unrechtsbewußtsein; er handelte in einem sog. **Verbotsirrtum**. Während beim Tatbestandsirrtum der vorigen Lektion der Handelnde nicht weiß, was er tut, ihm also ein Tatbestandsmerkmal nicht bekannt ist, weiß der Täter beim Verbotsirrtum, was er tatbestandlich tut, nimmt aber irrig an, es sei erlaubt (Irrtum über die Rechtswidrigkeit bzw. das Verbotensein der Tat).

Bitte lesen Sie jetzt die gesetzliche Regelung des Verbotsirrtums in § 17 Wort für Wort. Ist S entschuldigt? Versuchen Sie klausurmäßig genau zu prüfen!

S ist erst kurze Zeit in Deutschland; er hat auf Grund der weiten Entfernung seiner Heimat auch wenig Kenntnis von unseren Sitten und Gesetzen. Andererseits ist er Student, und es kann von ihm mehr als von einem gleichaltrigen Gastarbeiter erwartet werden, daß er im Zweifelsfall gründlich nachdenkt und sich erkundigt. Die überwiegenden Gründe sprechen hier für einen **unvermeidbaren** Verbotsirrtum mit der Folge, daß die Schuld des S. entfällt.

Da es sich bei unserem Fall um einen Grenzfall handelt und der Verbotsirrtum von der Rechtsprechung sehr eng ausgelegt wird, müssen Sie in der praktischen Arbeit besonders ausführlich begründen.

Allgemein gilt: Das erforderliche Maß der Gewissensanspannung richtet sich nach der Art der Verbotsnorm und nach den Erkenntniskräften des Täters. Im Zweifel sollten Sie für die Vermeidbarkeit des Verbotsirrtums plädieren. Zur Problematik der Ausländerstrafbarkeit lesen und unterstreichen Sie jetzt noch bitte §§ 3 und 7.

FALL 49: Ein Vater (V) prügelt seinen 10jährigen Sohn Max aus nichtigem Grund so lange, bis das Kind ohnmächtig liegenbleibt. Angeklagt wegen Kindesmißhandlung, § 225, wendet er ein, er habe guten Gewissens gehandelt; denn eine gehörige Tracht Prügel habe noch keinem Kind geschadet. Im übrigen sei die Züchtigung nach §§ 1626, 1631 BGB gerechtfertigt.

V hat Max roh mißhandelt, also den Tatbestand des § 225 erfüllt. Das **Züchtigungsrecht** ist nur dann Rechtfertigungsgrund, wenn es sich in angemessenen Grenzen hält und objektiv und subjektiv dem Erziehungszweck dient. Da diese Grenzen hier überschritten sind – eine Ohrfeige hätte es auch getan (vgl. aber Fall 26) –, bleibt die Züchtigung rechtswidrig. V handelte auch vorsätzlich, fraglich ist nur das Unrechtsbewußtsein.

Nach dem, was wir am vorigen Fall gelernt haben, hätte V auch schon bei mäßiger Gewissenserforschung erkennen müssen, daß die **Grenzen des Rechtfertigungsgrundes überschritten** sind, so daß die Schuld bestehen bleibt, vgl. § 17.

Ergebnis: Der Verbotsirrtum ist vermeidbar, § 17, V ist also strafbar.

FALL 50: Ein Förster (F) sieht im Gebüsch eine dunkle Gestalt mit einem länglichen Gegenstand in der Hand. Als der Betreffende auf Anruf des F auch noch den Gegenstand hochnimmt, glaubt F, ein Wilderer ziele mit dem Gewehr auf ihn, und er verletzt den vermeintlichen Wilderer durch einen Schuß. Der Verletzte war aber in Wirklichkeit ein Spaziergänger mit Regenschirm.

Wie unterscheidet sich dieser Fall vom vorigen?

In beiden Fällen irrt der Täter über einen Rechtfertigungsgrund und handelt daher guten Gewissens. Im letzten Fall nahm er irrtümlich eine Notwehrlage an (Putativnotwehr).

Während im vorigen Fall der Täter irrig einen Rechtfertigungsgrund auf einen nicht durch ihn gedeckten Bereich ausdehnte, also über die rechtlichen Grenzen eines Rechtfertigungsgrundes irrte **(Rechtsirrtum)**, irrt der Täter sich im zweiten Fall über die tatsächlichen Voraussetzungen eines **anerkannten Rechtfertigungsgrundes (Tatsachenirrtum)**, d. h. er nimmt irrig eine

Sachlage an, bei deren Vorliegen sein Tun tatsächlich gerechtfertigt wäre.
Dieser Sonderfall des Irrtums über einen Rechtfertigungsgrund wird nicht einheitlich behandelt. Eine starke Minderheit in der Rechtswissenschaft behandelt grundsätzlich jeden Irrtum über einen Rechtfertigungsgrund einheitlich als Verbotsirrtum gem. § 17 (strenge Schuldtheorie). Die **herrschende eingeschränkte Schuldtheorie** unterscheidet zwischen dem Irrtum über den Umfang eines Rechtfertigungsgrundes überhaupt **(Rechtsirrtum)** und dem Irrtum über die tatsächlichen Voraussetzungen eines anerkannten Rechtfertigungsgrundes **(Tatsachenirrtum)**. Während sie den Rechtsirrtum auch als Verbotsirrtum gem. § 17 behandelt, stellt sie den Irrtum über die tatsächlichen Voraussetzungen eines anerkannten Rechtfertigungsgrundes (= Erlaubnistatbestandsirrtum) dem Tatbestandsirrtum gem. § 16 gleich. Dies sei deshalb gerechtfertigt, weil der Täter, der irrig eine ihn rechtfertigende Sachlage annimmt, an sich **rechtstreu** handeln will und sein Verhalten daher nicht die der Vorsatzschuld entsprechende innere Auflehnung gegen die Rechtsordnung offenbare. Daher soll in diesem Fall entweder **„entsprechend § 16“** der Vorsatz des Täters ausgeschlossen sein oder zumindest die Vorsatzstrafe entfallen. (Letzteres wird von den Anhängern der rechtsfolgenverweisenden Schuldtheorie vertreten).
Beruht der vorsatzausschließende Tatsachenirrtum auf Fahrlässigkeit, so kommt in unserem Fall eine Strafbarkeit gem. § 229 in Betracht.
Aus rechtspsychologischen und praktischen Gründen sollten Sie sich dieser herrschenden Ansicht anschließen.
Ergebnis: F kann nicht wegen (vorsätzlicher) gefährlicher Körperverletzung nach § 224 bestraft werden; in Frage kommt allenfalls fahrlässige Körperverletzung, § 229.

Entschuldigungsgründe und Strafausschließungsgründe

Zur Appetitanregung vorweg ein klassischer Kriminalfall, der früher einmal die Gerichte beschäftigt hat.

FALL 51: Ein Frachter strandet an einer menschenleeren kleinen Insel. Nach einiger Zeit sind alle Lebensmittelvorräte erschöpft, und auch die Insel bietet nichts Eßbares. Um nicht zu verhungern, beschließt man, den Schiffskoch als Dicksten zu schlachten und zu verspeisen. Gesagt getan; die Seeleute lassen

sich den herzhaften Braten schmecken und werden später durch einen glücklichen Zufall gerettet.
Rechtfertigender Notstand nach § 34 scheidet aus, da sich gleichwertige Rechtsgüter gegenüberstehen. Der Tatbestand des § 212 ist also rechtswidrig erfüllt. Am Vorsatz besteht kein Zweifel. Zu prüfen bleibt nur noch § 35: **Entschuldigender Notstand**.
Voraussetzungen des § 35 StGB:

a) Es besteht eine gegenwärtige Gefahr für Leib, Leben oder Freiheit des Täters selbst, eines Angehörigen (vgl. § 11 StGB) oder einer anderen ihm nahestehenden Person (wie z. B. Freund, Arbeitskollege, Haushälterin usw.). Auf den Ursprung der drohenden Gefahr kommt es nicht an. Ursache dieser können z. B. sein: Naturereignisse, behördliche Anordnungen, menschliches Handeln.
   Die **„gegenwärtige"** Gefahr wird weit ausgelegt. Die Lebensgefahr muß nicht gerade im Moment bestehen, ebenso reicht eine Dauergefahr.
b) Die begangene rechtswidrige Tat muß der einzige zumutbare Ausweg aus dieser Notlage sein.
c) Das Durchstehen der Gefahr darf dem Täter nicht zumutbar sein: zumutbar ist das Durchstehen der Gefahr immer dann, wenn der Täter die Gefahr verursacht hat oder wenn er in einem besonderen Rechtsverhältnis steht, kraft dessen ihm eine erhöhte Gefahrtragungspflicht auferlegt ist (wie z. B. dem Soldaten, dem Feuerwehrmann, dem Polizisten oder dem Arzt).
d) Subjektiv muß der Täter in Kenntnis der Notlage zur Gefahrbeseitigung gehandelt haben.

Die Gefahr des Verhungerns war hier „nicht anders abwendbar", da es auf der kleinen Insel nachweisbar nichts Eßbares gab. Für die besondere Zumutbarkeit, die Gefahr hinzunehmen (§ 35 I 2), sind im Fall keine Anhaltspunkte ersichtlich.
Ergebnis: Den Teilnehmern des Schlachtfestes kann kein Schuldvorwurf gemacht werden. Der Schuldausschließungsgrund **(Entschuldigungsgrund)** des § 35 ist einschlägig. Die Seeleute sind nicht strafbar.
Zur Vertiefung unserer Erkenntnisse noch ein paar Variationen:

FALL 52: Wie vorher, bloß kämpft der Koch um sein Leben und tötet dabei einen Angreifer. Strafbarkeit des Kochs?
Da § 35 nur die Schuld ausschließt und der Angriff rechtswidrig war, kann sich der Koch auf **Notwehr** berufen, § 32. Er handelt nicht rechtswidrig.

FALL 53: Der Bergführer B nimmt einen Touristen bei einer Gletschertour ans Seil. Der Gast stürzt in eine Gletscherspalte. Da B durch das Gewicht nachgezogen zu werden droht, schneidet er das Seil ab. Der Abgestürzte kann nicht mehr lebend geborgen werden.

An sich ist wieder § 35 I 1 einschlägig. Aber wegen des **„besonderen Rechtsverhältnisses“** nach §§ 35 I 2 war B für die Sicherheit des Gastes verantwortlich und hätte sein Leben riskieren müssen, um ihn zu schützen.

Ergebnis: B ist nicht entschuldigt und damit strafbar nach § 212. In ähnlicher Weise sind auch Feuerwehrleute, Polizisten, Soldaten, Ärzte (Ansteckungsgefahr!) verpflichtet, bestimmte Gefahren hinzunehmen.

FALL 54: Ein Soldat tötet zur Zeit der Diktatur auf Befehl Zivilisten, um nicht selbst wegen Gehorsamsverweigerung erschossen zu werden.

Entschuldigt nach § 35.

Anders wäre natürlich zu urteilen, wenn der Vorfall nicht in einem totalitären Staat der klassischen nazistischen oder kommunistischen Prägung, sondern nur unter einer autoritären Regierung spielt und der Soldat „bloß“ Kerker oder andere Sanktionen zu befürchten hätte.

FALL 55: Ein Geheimagent (G) eines diktatorischen Staates tötet nach anfänglichem Sträuben einen Bürgerrechtskämpfer, weil der Staatssicherheitsdienst vorsorglich sein Kind in Obhut genommen hat und droht, es umzubringen, wenn G nicht gehorcht.

An sich wurde entsprechend § 35 I die Gefahr von einem **Angehörigen** (vgl. § 11) abgewendet. Man könnte aber daran denken, eine Entschuldigung nach § 35 zu verneinen, weil G freiwillig in den Staatssicherheitsdienst eingetreten ist und somit die Gefahr weitgehend selbst verursacht hat, so daß nur Strafmilderung nach § 35 I Satz 2, letzter Halbsatz, anzunehmen wäre. Da jedoch nicht das Leben des G, sondern das Leben der Tochter bedroht ist, und diese Gefahr nicht unmittelbar von G verursacht wurde, bleibt es bei demn Entschuldigungsgrund nach § 35.

Ergebnis: G ist entschuldigt.

§ 11 notieren wir nun zu § 35 im StGB.

FALL 56: Bei einem Theaterbrand trampelt ein Besucher einen anderen nieder, um schnell noch seinen wertvollen Pelz zu retten.
Nur **Leib, Leben oder Freiheit** sind nach § 35 notstandsfähig, nicht das Eigentum. § 35 entfällt nach der Rechtsprechung außerdem auch deswegen, weil der angerichtete Schaden in krassem **Mißverhältnis zur Schwere der drohenden Gefahr** (Verlust des Pelzes) stand.
Ergebnis: Aus doppeltem Grund liegt kein entschuldigender Notstand vor.

FALL 57: Der betrunkene A lauert vor einem Wirtshaus dem Boxer B auf, um ihn zu verprügeln. Er stürzt sich aus seinem Hinterhalt mit wildem Geschrei auf B; der erschrickt so, daß er in der momentanen Verwirrung den A mit seinem Messer niedersticht und erheblich verletzt. Prüfen Sie §§ 32, 33.
Die gefährliche Körperverletzung (§§ 223, 224) ist nicht durch Notwehr gerechtfertigt, da ein Boxhieb den Betrunkenen auch unschädlich gemacht hätte. Es fehlt an der Erforderlichkeit des Abwehrmittels; B hat die Grenzen der Notwehr überschritten. Der mit Körperverletzungsvorsatz handelnde B ist jedoch gem. § 33 StGB entschuldigt, weil er in einer Notwehrlage mit Verteidigungswillen aus Furcht und Schrecken die Grenzen der Notwehr überschritten hat, die Verteidigungshandlung also intensiver gestaltete, als erforderlich war (intensiver **Notwehrexzeß**). Auch eine Bestrafung wegen fahrlässiger Körperverletzung wird durch § 33 ausgeschlossen. § 33 StGB enthält nach herrschender Meinung einen **Entschuldigungsgrund**.
Überschreitet ein Täter – auch aus verschuldeter – Verwirrung, Furcht oder Schrecken die Grenzen der Notwehr, so ist es unerheblich, ob er dies bewußt oder unbewußt tut (str.). Nur die aufgezählten Erregungsgründe entschuldigen einen Notwehrexzeß, nicht auch andere wie z. B. Zorn oder Eifer.
Bei § 33 unterstreichen wir „Verwirrung, Furcht oder Schrekken“ und vermerken dazu: „Nicht bei sonstigen Gründen!“

FALL 58: Ein 21jähriger schläft nicht nur bei, sondern auch mit seiner 17jährigen leiblichen Schwester. Prüfen Sie bitte § 173, d. h. wie immer Wort für Wort und bis zum letzten Satz.
Sie sehen: Nach § 173 II 2 wird der 21jährige wegen Verwandtenbeischlaf (= Blutschande = Inzest) bestraft, die 17jährige dagegen nicht, § 173 III. Ähnliche Bestimmungen finden wir bei der sog. Indemnität von Abgeordneten, § 36, und bei der Strafvereitelung zugunsten Angehöriger, § 258 VI. Es handelt sich

dabei nicht um Entschuldigungsgründe, sondern um bloße persönliche **Strafausschließungsgründe**. Die Tat bleibt also rechtswidrig und schuldhaft.

Leitsatz 7:

(Unrechtsbewußtsein, Entschuldigungs- und Strafausschließungsgründe)

1. a) Bei einer rechtswidrigen und vorsätzlichen Tat kann der Schuldvorwurf entfallen, wenn dem Täter wegen eines **unvermeidbaren Verbotsirrtums** das Unrechtsbewußtsein fehlt (§ 17). Auch der **Irrtum über die rechtlichen Grenzen eines Rechtfertigungsgrundes** wird als Verbotsirrtum behandelt.
   Bei der Frage der Vermeidbarkeit des Irrtums sind strenge Maßstäbe an die erforderliche Gewissensanspannung des Täters anzulegen.
   b) Ein Irrtum über die **tatsächlichen Voraussetzungen eines Rechtfertigungsgrundes** wird von der herrschenden Meinung wie ein normaler Tatbestandsirrtum behandelt.
2. Von den sog. Entschuldigungsgründen sind hervorzuheben:
   a) Entschuldigender Notstand, § 35, und
   b) Überschreitung der Grenzen der Notwehr, § 33, (aus Verwirrung, Furcht oder Schrecken, nicht aber z. B. aus Zorn).
   Hierbei muß in der praktischen Arbeit der gesetzliche Entschuldigungsgrund Punkt für Punkt genau geprüft werden.
3. Persönliche Strafausschließungsgründe führen zur Straflosigkeit, lassen aber die Schuld bestehen. Hauptfälle
   a) beim Verwandtenbeischlaf, § 173 III, und
   b) bei der Strafvereitelung zugunsten Angehöriger, § 258 VI.

7. Lektion: Fahrlässigkeitsdelikte

FALL 59: Der Weinkenner Becherer will von einer ausgiebigen Weinprobe heimfahren. Als er den Pkw-Schlüssel erst nach mehrfachen Versuchen ins Schloß bringt, denkt er: „Der Heimweg ist kurz; es wird schon alles gutgehen." Allerdings verschätzt er sich beim Überholen eines Radfahrers (R), den er streift, zu Fall bringt und verletzt. – Wir lassen hier §§ 316, 315 c beiseite und prüfen nur den Zusammenhang zwischen der Trunkenheitsfahrt und der Verletzung des R.

Da Becherer ihn nicht vorsätzlich verletzte, kommt die zweite dem Gesetz bekannte Schuldform in Betracht: Die fahrlässige Handlung, die nach § 15 nur dann strafbar ist, wenn das Gesetz hierfür ausdrücklich eine Strafe androht. Einschlägig ist hier § 229, fahrlässige Körperverletzung, deren Tatbestand erfüllt ist: Die Trunkenheitsfahrt ist Ursache des Unglücks; sie kann nicht hinweggedacht werden, ohne daß die Verletzung des R entfiele. Die Frage ist nun, ob B fahrlässig gehandelt hat.

Fahrlässigkeit ist im Gesetz nicht definiert. Ihr Grundgedanke ist, daß man seine Aufmerksamkeit so anzustrengen hat, daß man kein fremdes Rechtsgut verletzt. Nach Rechtsprechung und Lehre handelt ein Täter fahrlässig, wenn er die Sorgfalt, zu der er nach den Umständen (objektiv) verpflichtet und nach seinen persönlichen Kenntnissen und Fähigkeiten (subjektiv) imstande war, außer acht gelassen und infolgedessen entweder

a) den Erfolg, den er bei Anwendung pflichtgemäßer Sorgfalt hätte voraussehen können, nicht vorausgesehen hat (= unbewußte Fahrlässigkeit, lat. neglegentia; Täter denkt an gar nichts), oder

b) den Eintritt des Erfolges zwar für möglich gehalten, aber darauf vertraut hat, er werde nicht eintreten (= bewußte Fahrlässigkeit, lat. luxuria; Täter denkt sich „Es wird schon gutgehen"). Umgekehrt: Hätte der Täter das Ergebnis vorhergesehen, so hätte er sich anders verhalten.

Lesen Sie diese Definition noch einmal durch! Sie ist sehr wichtig bei der Abgrenzung von Vorsatz und Fahrlässigkeit!

Das Problem kann durch Übersicht 8 verdeutlicht werden.

Nach dieser Vorübung müssen wir nun den „Fall Becherer" abschließen:

1. Keine Frage, daß B die **objektiv gebotene Sorgfalt** außer acht ließ: Mit einem Rausch durfte sich auch ein trinkfester Weinkenner nicht mehr ans Steuer setzen.
2. Nach den Zielschwierigkeiten mit dem Schlüssel war objektiv vorhersehbar, daß es auch mit der Präzision des Steuerns hapern würde, amtlicher ausgedrückt: daß B infolge alkoholbedingter, verminderter Fahrtüchtigkeit eine Gefahr für die anderen Verkehrsteilnehmer darstellen würde.

3. B war **nach seinen persönlichen Fähigkeiten** wohl imstande, seine Sorgfaltspflicht zu erkennen; er war nach Sachlage sehr leichtsinnig.
4. Daß man als betrunkener Autofahrer andere Verkehrsteilnehmer verletzen kann, war **für B vorhersehbar**.

Ergebnis: B ist strafbar wegen fahrlässiger Körperverletzung, § 229 (bewußte Fahrlässigkeit!).

Bitte merken Sie sich noch: Unter „**Leichtfertigkeit**" versteht man einen erhöhten Grad von Fahrlässigkeit, also eine besonders grobe Verletzung der gebotenen Sorgfalt, z. B. in § 138 III.

Übersicht 8:

(Worin Fahrlässigkeit besteht)

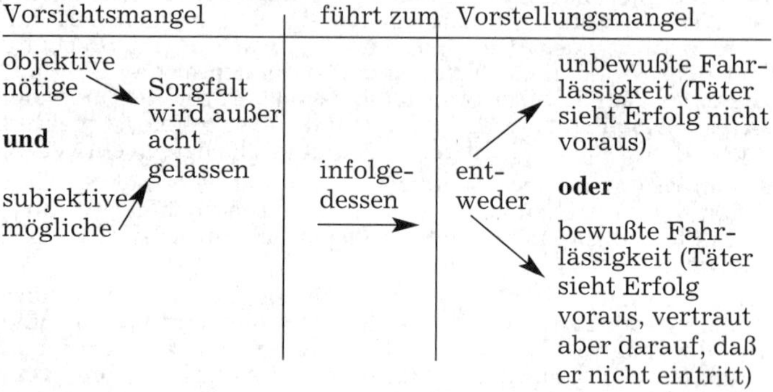

FALL 60: Becherer fährt – diesmal nüchtern – mit 65 km/h durch eine geschlossene Ortschaft. Ganz plötzlich läuft ein Kind zwischen parkenden Autos heraus, unmittelbar vor den Kühler seines Pkws. Trotz sofortigen Bremsens wird das Kind tödlich verletzt. Im Prozeß stellt der Sachverständige fest, daß das Unglück auch dann nicht zu vermeiden gewesen wäre, wenn B vorschriftsmäßig, also mit 50 km/h, gefahren wäre. – § 222?

Die Fahrt des B ist Todesursache, der objektive Tatbestand des § 222 ist erfüllt.

1. Ein **objektiver Sorgfaltsverstoß** ist gegeben, da B die Geschwindigkeitsbegrenzung mißachtet hat, § 3 III 1 StVO, deren Sinn es ist, dem Kraftfahrer bei plötzlich auftretenden Hindernissen ein rechtzeitiges Anhalten zu ermöglichen.

2. Auch ist **objektiv voraussehbar**, daß eine Geschwindigkeitsüberschreitung den Tod eines Menschen zur Folge haben kann.
3. Selbstverständlich hätte B auch seine **Pflicht** (50 km/h) **erkennen** und
4. den Erfolg vorhersehen können.

Müssen wir B jetzt wegen fahrlässiger Tötung verurteilen? Hiergegen sträubt sich unser Rechtsgefühl, wenn wir an das Gutachten des Sachverständigen denken: Das Unglück wäre auch bei 50 km/h passiert!

In der Tat ist man sich einig, daß wegen fahrlässiger Tötung nur dann bestraft werden kann, wenn der Todeserfolg gerade auf die Pflichtwidrigkeit, also auf den Verstoß gegen die objektiv nötige und subjektiv mögliche Sorgfalt, zurückzuführen ist, mit anderen Worten: Wenn gerade die **Pflichtwidrigkeit Ursache** für den Todes**erfolg** war. Dieser Zusammenhang ist nicht gegeben, wenn der Erfolg auch bei pflichtgemäßem Verhalten des Täters eingetreten wäre. Das bedeutet für unseren Fall:

B ist nicht wegen fahrlässiger Tötung strafbar.

Es ist empfehlenswert, diesen Pflichtwidrigkeits-Erfolg-Zusammenhang im Rahmen der Fahrlässigkeit, also bei Erörterung der Pflichtwidrigkeit zu prüfen. – Der BGH tut dies bei der Kausalitätsprüfung, also bereits auf der Tatbestandsebene. Das überwiegende Schrifttum prüft den Pflichtwidrigkeitszusammenhang ebenfalls im Rahmen des Tatbestandes, jedoch bei dem zusätzlichen Prüfungspunkt der objektiven Zurechnung des Erfolges. In einer Klausur sind natürlich alle Lösungen vertretbar.

FALL 61: Ein Kraftfahrer (K) hat gerade festgestellt, daß die Hupe des Firmenwagens nicht funktioniert, als ihm sein Chef einen eiligen Auftrag gibt. Auf K's Hinweis, der Fehler müsse doch erst behoben werden, droht der Boß mit Hinauswurf, wenn K nicht sofort losfahre. K, der eine große Familie zu versorgen hat, beugt sich der Drohung und fährt kurz darauf einen Fußgänger an. Zum Unfall wäre es nicht gekommen, wenn K rechtzeitig hätte hupen können. – Muß K wegen fahrlässiger Körperverletzung, § 229, bestraft werden?

Wir bejahen zunächst die bekannten Fragen ebenso glatt wie bei den beiden vorausgegangenen Fällen und bekommen dann doch Zweifel an der Schuld unseres Kraftfahrers. – Das Reichsgericht hat denn auch in einem ähnlich gelagerten Fall eine Strafbarkeit wegen § 229 deshalb verneint, weil es dem Täter

nicht zumutbar war, den Auftrag zu verweigern und den Arbeitsplatz zu verlieren.
Allgemein ausgedrückt: Den Fahrlässigkeitstäter trifft kein Schuldvorwurf, wenn ihm die Erfüllung der ihm obliegenden Sorgfaltspflichten nicht zumutbar war. Ob sich jemand normgerecht verhalten muß, hängt von seiner Interessenlage und der Schwere der drohenden Rechtsgutverletzung ab. Je größer die Gefahr, um so mehr ist dem Täter ein eigenes Opfer zuzumuten. – Im Verhältnis zum Verlust des Arbeitsplatzes erscheint hier eine kurze Fahrt ohne Hupe als verhältnismäßig geringe Gefahr.
Ergebnis: K bleibt wegen Unzumutbarkeit normgerechten Verhaltens straflos.

FALL 62: An einer einsamen Stelle im Park wird eine Studentin (S) von einem liebeshungrigen Landstreicher (L) angefallen. S will mit ihrer Gaspistole einen Warnschuß abgeben, trifft aber – unbeabsichtigt – L mitten ins Gesicht und verletzt ihn dadurch erheblich. – Muß sich S wegen fahrlässiger Körperverletzung, § 229, verantworten?
Dem Laien scheint die Antwort sonnenklar, aber der Jurist muß sich daran gewöhnen, jede Antwort mit Gesetzesstellen zu begründen.
Am objektiven Tatbestand des § 229 gibt es nichts zu rütteln. Das Problem liegt hier auf der Ebene der Rechtswidrigkeit. **Notwehr**, § 32, hat auch für Fahrlässigkeitstaten Bedeutung; man prüft nämlich, ob der fahrlässig herbeigeführte Erfolg dann, wenn er vorsätzlich verursacht worden wäre, als Resultat einer erforderlichen Abwehrhandlung im Sinne von § 32 angesehen werden könnte. Falls ja, ist die Tat wegen Notwehr gerechtfertigt, auch wenn der Täter fahrlässig handelte, also den Erfolg gar nicht wollte.
Mit anderen Worten: Wenn sich das, was jemand tut, als „erforderliche Abwehr“ darstellt, ist die Tat nach § 32 gerechtfertigt, und es ist gleich, ob der Täter vorsätzlich oder fahrlässig handelte.
Damit ist unser Fall schnell gelöst. Der Schuß ins Gesicht des Sittenstrolches war die erforderliche, gebotene und einzig sichere Abwehr. Ob sich der körperlich überlegene Angreifer durch einen Warnschuß hätte abhalten lassen, ist zweifelhaft. Dies auszuprobieren war dem Mädchen in der gefährlichen Situation nicht zuzumuten.
Ergebnis: S bleibt straflos, da ihr der Rechtfertigungsgrund des § 32 zugute kommt.

In Übersicht 10 (vgl. S. 50) wollen wir uns die Steigerung von der schwächsten Form der Fahrlässigkeit bis zur stärksten Form des Vorsatzes vor Augen halten.
Wir sind jetzt soweit, daß wir einen „Fahrplan" für den Klausuraufbau festlegen können, der überall stimmt, wenn man von gewissen Besonderheiten beim Unterlassungsdelikt und beim Versuch absieht.

Leitsatz 9:

(Aufbau einer Strafrechtsarbeit)

Die folgenden Punkte sind in der Klausur zunächst nur gedanklich zu überprüfen, konkret erörtert werden allein die Punkte, für deren Vorliegen der Sachverhalt Anhaltspunkte liefert.

1. Tatbestandsmäßigkeit
   a) Handlung im strafrechtlichen Sinn?
   b) Objektive Tatbestandsmerkmale (einschließlich Kausalität bei Erfolgsdelikten),
   c) subjektive Tatbestandsmerkmale (z. B. Zueignungsabsicht beim Diebstahl, niedriger Beweggrund beim Mord), soweit im Gesetz vorgesehen.
2. Rechtswidrigkeit
   Entfällt, wenn Rechtfertigungsgründe vorliegen.
3. Schuld
   a) Schuldfähigkeit (entfällt z. B. bei Kindern oder Geisteskranken).
   b) **Vorsatz** bezüglich aller objektiven Tatbestandsmerkmale (entfällt bei Tatbestandsirrtum)
   oder **Fahrlässigkeit:**
      (1) objektive Pflichtwidrigkeit (= Nichterfüllung der im Verkehr objektiv gebotenen Sorgfalt).
      (2) objektive Voraussehbarkeit (des Erfolges einschließlich des Kausalverlaufes).
      (3) subjektive Pflichtwidrigkeit (Nichterfüllung der dem Täter persönlich möglichen Sorgfalt).
      (4) subjektive Voraussehbarkeit (des Erfolges einschließlich des Kausalverlaufs im Hinblick auf die persönlichen Fähigkeiten des Täters).
   c) Unrechtsbewußtsein (entfällt bei unvermeidbarem Verbotsirrtum)
   d) sonstige Entschuldigungsgründe, z. B. intensiver Notwehrexzeß oder entschuldigender Notstand.

4. Persönliche Strafausschließungsgründe, soweit in der betreffenden Deliktsbeschreibung vorgesehen. – An dieser Stelle wären auch die Straf**aufhebungs**gründe zu prüfen, die wir erst später kennenlernen werden, z. B. freiwilliger Rücktritt von der versuchten Tat.
5. Strafantrag, soweit die Tat nur auf Antrag verfolgt wird.

Übersicht 10:

(Fahrlässigkeit und Vorsatz)

	Wesen	Täter denkt sich:	Stichwort
unbewußte Fahrlässigkeit	Täter sieht Erfolg nicht voraus	Täter denkt gar nicht	unwissend – leichtsinnig
bewußte Fahrlässigkeit	Täter sieht Möglichkeit des Erfolges voraus, vertraut aber darauf, daß er nicht eintritt	es wird schon gutgehen	wissend – leichtsinnig
bedingter Vorsatz	Täter sieht Möglichkeit des Erfolges voraus, nimmt ihn für den Fall seines Eintritts billigend in Kauf	na wenn schon	wissend – gleichgültig
direkter (= unbedingter)	Täter weiß, daß er alle Tatbestandsmerkmale erfüllen wird	so mach ich's	wissend – planmäßig
Absicht	Täter kommt es auf den Erfolg an	das will ich	wissend – planmäßig

8. Lektion: Unterlassungsdelikte

Nichtstun ist ein zuweilen sehr angenehmer Zustand; nicht umsonst sprechen die Italiener vom „dolce far' niente".
Ob Nichtstun auch strafbar sein kann, wollen wir auf den nächsten Seiten untersuchen.

Die echten Unterlassungsdelkite

Wie beurteilen Sie z. B. folgenden
FALL 63: Der unbeliebte Oberlehrer O, der nicht schwimmen kann, fällt im vollbesetzten Stadtbad ins Schwimmbecken. 50 Leute schauen interessiert zu; keiner hilft. O ertrinkt. Haben sich die Zuschauer durch ihre Untätigkeit strafbar gemacht, wenn sie sich zusammensetzen aus
a) 40 Schwimmern,
b) dem Bademeister B und
c) 9 Nichtschwimmern?
Nach unserem Rechtsgefühl dürfte das Verhalten der Schwimmer und des Bademeisters nicht in Ordnung sein. Ein Blick ins Gesetz wird uns gleich weiterbringen (Wir erinnern uns: Ohne Gesetzestext ist das Studium dieses Büchleins sinnlos!) Wir lesen § 323 c (Unterlassene Hilfeleistung) und prüfen, ob diese Vorschrift auf die 40 Schwimmer zutrifft.
Ein **Unglücksfall** ist zweifelsfrei gegeben (ein Mensch, der zu ertrinken droht); Hilfe haben die Schwimmer nicht geleistet. Erforderlich war die Hilfe, denn O konnte sich selbst nicht helfen. Anderweitige Hilfe war nicht in Sicht; denn keiner rührte sich. – Ob die Hilfeleistung **zumutbar** war, insbesondere ohne erhebliche eigene Gefahr durchgeführt werden konnte, ist Tatfrage. Es wird einem geübten und kräftigen Schwimmer normalerweise zuzumuten sein, einem Ertrinkenden beizustehen. Bleibt der Schwimmer untätig, hat er sich nach § 323 c strafbar gemacht. Nebenbei: die Nichtschwimmer bleiben natürlich straffrei; Hilfeleistung war für sie unzumutbar, sie würden selbst ertrinken.
§ 323 c ist das wichtigste der sogenannten **„echten Unterlassungsdelikte".** Sie sind zu unterscheiden von den weit häufigeren **Begehungsdelikten**, in denen das Gesetz ein Handeln (z. B. stehlen) ausdrücklich beschreibt und unter Strafe stellt; im Ergebnis liegt ein Verbot vor. Bei den echten Unterlassungsdelikten wird ein unerwünschtes Unterlassen (z. B. keine Hilfe lei-

sten) ausdrücklich beschrieben und mit Strafe bedroht. Im Ergebnis läuft das auf ein Gebot hinaus.
Weitere echte Unterlassungsdelikte sind § 138, Nichtanzeige geplanter Verbrechen, und § 123 I, 2. Alternative, Nichtentfernen trotz Aufforderung.
Bitte durchlesen.
Zwischenergebnis: Nichtschwimmer und schlechte Schwimmer sind straflos, die übrigen Badegäste sind strafbar nach § 323 c.

Die unechten Unterlassungsdelikte

Wir erinnern uns, daß der Bademeister B aus unserem letzten Fall noch darauf wartet, von uns strafrechtlich „behandelt" zu werden. Er war vertraglich verpflichtet, für die Sicherheit der Badegäste zu sorgen; dennoch ließ er den Oberlehrer ertrinken.
Wir nehmen nun den Gesetzestext zur Hand und lesen § 13 I langsam durch. Er klingt im ersten Augenblick nicht ganz einfach, besagt jedoch im wesentlichen: Der Untätige wird wie ein aktiv **handelnder Täter (Totschläger, Dieb etc.) bestraft, wenn ihn eine Pflicht trifft, den Erfolg abzuwenden**.
Das Gesetz formuliert: „Wenn er rechtlich dafür einzustehen hat, daß der Erfolg nicht eintritt". – In subjektiver Hinsicht stellen wir fest: B kannte seine Pflichten und wußte auch, daß O ohne seine Hilfe ertrinken würde, so daß er sich eines **vorsätzlichen** Unterlassungsdelikts schuldig gemacht hat.
Ergebnis: B ist strafbar nach §§ 212, 13, da er es durch Vertrag und Dienstantritt übernommen hat, Badegästen im Notfall beizustehen.
In der Rechtslehre spricht man von einer **Garantenstellung** des Unterlassungstäters gegenüber dem bedrohten Rechtsgut. Diese Garantenstellung (= Pflicht, den Erfolg abzuwenden) ist der wesentliche Punkt, sozusagen der Aufhänger, bei den sog. „**unechten Unterlassungsdelikten**". Man könnte auch „Begehen durch Unterlassen" sagen.
Wir überlegen uns nun selbst, wann jemanden eine solche Erfolgsabwendungspflicht treffen wird (= wann er die „Garantenstellung" innehat). Dabei dürfen wir ruhig etwas dem eigenen Rechtsgefühl vertrauen; wir unterscheiden jedoch zwei Grundsituationen: erstens die Pflicht, das Rechtsgut gegen Gefahren aus allen Richtungen zu schützen (sog. Beschützergarant) und zweitens die Verantwortung für eine Gefahrenquelle, von der Risiken ausgehen (sog. Überwachungsgarant).

Zunächst zum **Beschützergaranten**:

FALL 64: Ein alter Ehemann (E) kommt eines Abends früher heim und findet seine Frau erhängt, aber noch lebend am Fensterkreuz. Er denkt sich „die Alte kann ruhig zappeln“, holt ein Bier aus dem Kühlschrank und setzt sich vor den Fernseher. Inzwischen stirbt die Lebensmüde.
Die Garantenstellung ergibt sich in diesem Falle **aus dem Gesetz**: § 1353 BGB; die Verpflichtung zur ehelichen Lebensgemeinschaft beinhaltet natürlich auch die Pflicht, sich gegenseitig vor Gefahren zu schützen. Daß die Frau selbst lebensmüde war, spielt keine Rolle (str.).
Ergebnis: E ist wegen Totschlags strafbar §§ 212, 13. Ebenfalls aus dem Gesetz entnehmen wir die Pflicht der Mutter, ihr Kind zu ernähren: § 1626 BGB.
Weitere gesetzliche Handlungspflichten ersehen wir aus §§ 1601, 1631, 1705, 1793, 1800 BGB. Bitte lesen.

FALL 65: Großmaul G heuert den wortkargen Bergführer B für eine Kletterpartie an. Da G ununterbrochen Sprüche klopft, verläßt ihn B mitten im Wilden Kaiser, G klettert auf eigene Faust weiter und bricht sich das Genick.
Hatte B eine Garantenstellung i. S. des § 13?
Ja, denn er war vertraglich verpflichtet, seinen Gast sicher durch die Gefahrenzone zu bringen. Er hatte diese Pflicht bereits übernommen (Ergebnis wie im Bademeister-Fall).

FALL 66: Wie vorher. Nur erfährt B kurz nach Vertragsabschluß, daß G zuviel redet. Er geht daher am nächsten Morgen ins Gasthaus statt zu G. Dieser macht sie allein auf den Weg und stürzt tödlich ab. Ist B strafbar?
Nein, der Vertrag **allein** begründet noch keine Garantenstellung. Entscheidend ist, daß die Garantenpflicht auch **tatsächlich übernommen** wurde, also im gegebenen Fall durch gemeinsamen Einstieg in die Wand.

FALL 67: Wie vorher. G ist jedoch unerkennbar geisteskrank, der Bergführervertrag also nichtig. Nach dem Aufbruch verläßt ihn B. G stürzt ab. Frage: Wird B als Totschläger (§ 212) bestraft, obwohl der Vertrag zivilrechtlich unwirksam war (§§ 104, 105 BGB)? Was sagt unser Rechtsempfinden?
Auf die Gültigkeit nach BGB kann es nicht ankommen. B hat die Verpflichtung tatsächlich übernommen und ist zu bestrafen. Wesentlich ist die **tatsächliche Übernahme einer Pflicht**. Ein

Vertrag kann, muß aber nicht vorliegen. Z. B. ist der Bereitschaftsarzt, der Nachtdienst macht, Garant gegenüber einem Unfallverletzten, auch wenn er von vornherein die Behandlung ablehnt, ein Vertrag also nicht zustande kommt.

FRAGE 68: Welche weiteren Garantenstellungen könnten Sie sich denken?
Rechtsprechung und Literatur sind sich einig, daß auch ein **besonderes Vertrauensverhältnis** die Garantenstellung begründet. Dieses Vertrauensverhältnis kann sich aus enger Lebens- und/oder Hausgemeinschaft oder aus Gefahrengemeinschaft ergeben.
Als Gefahrengemeinschaft wären z. B. Arbeitskollegen, Bergwanderer oder eine Polizeistreife zu zählen. Zur Lebens- und/oder Hausgemeinschaft zählen etwa zusammenwohnende Geschwister und Verlobte, Garanten sind aber auch der Haushaltsvorstand gegenüber dem Kindermädchen und der Meister gegenüber dem Lehrling.

Nun zum **Überwachergaranten**:

FALL 69: Vom Lkw des L fällt in einer Kurve ein Ölkanister, der aufspringt. Es bildet sich eine große Öllache. L bemerkt die lebensgefährliche Situation, denkt sich: auf einen Autofahrer mehr oder weniger kommt's nicht an, und fährt weiter. Das Fahrzeug des nachfolgenden Kraftfahrers K gerät durch das Öl ins Schleudern und fährt gegen einen Baum. K stirbt an den Verletzungen. Strafbarkeit des L wegen §§ 212, 13? Ja, denn L hatte eine Rechtspflicht zum Handeln (Garantenpflicht) auf Grund seines **vorangegangenen Tuns**. Er hat die **Gefahrenlage tatsächlich herbeigeführt**. Auf Schuld oder Unschuld kommt es insoweit nicht an. Umstritten ist lediglich, ob das Vorverhalten pflichtwidrig gewesen sein muß. Die Gefahrenquelle war hier jedoch durch ihn rechtswidrig geschaffen; er hätte daher alles in seiner Macht Stehende tun müssen, um die Gefahr zu beseitigen (Warndreieck aufstellen, Öl beseitigen oder Hilfe holen). Der Erfolg war für ihn voraussehbar, er hat in billigend in Kauf genommen (bedingter Vorsatz).

FALL 70: Wie vorher hört L das Geräusch des fallenden Kanisters, bloß überlegt er nicht, woher das Poltern kommen könnte, und fährt gedankenlos weiter. Eine Garantenstellung ist wie vorher zu bejahen. In diesem Fall unterblieb die erforderliche

Erfolgsabwendung nicht aufgrund (bedingten) Vorsatzes, sondern weil der Erfolg **fahrlässig** nicht vorhergesehen wurde?

Ergebnis: L ist wegen fahrlässiger Tötung nach §§ 222, 13 strafbar.

FALL 71: In einem abgelegenen Winkel des naturhistorischen Museums betrachtet der Student S gerade die fossilen Reste des Archäopteryx. Museumswärter W macht pünktlich Schluß; er bemerkt S beim Absperren nicht. Als S aus seinen Betrachtungen aufschreckt und anfängt zu rufen, stellt W durch einen Blick auf seine Uhr fest, daß es bereits 18.03 Uhr ist. Er hat keine Lust, Überstunden zu machen, läßt S rufen und geht nach Hause. S bleibt die Nacht über unfreiwillig bei dem versteinerten Urvogel. Hat sich W wegen Freiheitsberaubung strafbar gemacht?

Wir lesen § 239 I durch und stellen fest, daß das **Absperren** nicht strafbar war, da W nicht vorsätzlich gehandelt hat (§ 15, er hat S nicht bemerkt). Fahrlässige Freiheitsberaubung gibt es nicht.

Dennoch wird W nach § 239 I zu bestrafen sein, da er auf das Rufen des S hin **nicht aufgesperrt** hat. Er hätte nämlich aufsperren müssen, weil er durch sein **vorangegangenes Tun** (Zusperren) eine Gefahrenlage geschaffen hat (Einschränkung der Bewegungsfreiheit des S), die für W eine Garantenpflicht dem S gegenüber begründet hat.

Eine gleiche Garantenpflicht trifft den Kraftfahrer, der jemand anfährt und verletzt liegenläßt, den Gastwirt, der einem Kraftfahrer übermäßig Alkohol einschenkt und ihn dann fahren läßt, den Unternehmer, der eine Baugrube aushebt und nicht sichert, oder den Hundehalter, der einen bissigen Köter hält und laufen läßt.

FALL 72: Ein Hauseigentümer läßt sein schadhaftes Hausdach nicht reparieren. Ein Dachziegel verletzt einen Passanten am Kopf.

Hier ist der Hauseigentümer u. U. wegen Körperverletzung „dran“. Wegen vorsätzlicher Körperverletzung dann, wenn er den Schaden kommen sah und dennoch nichts unternahm (bedingter Vorsatz), sonst nach § 229 (Tatfrage). – Die Garantenpflicht wird hier aus der sog. **Sachherrschaft** abgeleitet.

Leitsatz 11:

(Unterlassungsdelikte)

1. Die **echten Unterlassungsdelikte** sind im Gesetz ausdrücklich aufgeführt; ein Unterlassungstatbestand wird beschrieben und mit Strafe bedroht. Hauptfälle sind § 323 c unterlassene Hilfeleistung, und § 138, Nichtanzeige geplanter Verbrechen.
2. a) Bei den **unechten Unterlassungsdelikten** wird der Unterlassende wie ein Handelnder für den Eintritt eines strafrechtlichen Erfolgs bestraft, den er nicht abgewendet hat. Beispiel: Tötung eines Säuglings durch Nichtverabreichung von Nahrung, §§ 212, 13.

   b) Voraussetzung einer solchen Bestrafung ist das „rechtliche Einstehen dafür, daß der Erfolg nicht eintritt", § 13; d. h. der Täter muß eine Rechtspflicht zur Erfolgsabwendung haben. Man spricht auch von einer „Garantenpflicht", die sich aus der Garantenstellung des Täters ergibt.

   c) Wir haben folgende Garantenstellungen kennengelernt:
   - aus Gesetz, z. B. § 1353 BGB, eheliche Lebensgemeinschaft,
   - aus tatsächlicher Pflichtübernahme, z. B. aus Vertrag (Bergführer-Fall),
   - aus einem besonderen Vertrauensverhältnis, das vor allem auf enger Lebens- oder Gefahrengemeinschaft beruhen kann, z. B. Arbeitskollegen, Polizeistreife,
   - aus vorangegangenem Tun, das eine Gefahrenlage herbeigeführt hat (Öllachen-Fall),
   - aus Sachherrschaft, z. B. Hauseigentümer bez. des schadhaften Daches.

   d) Auch fahrlässige Unterlassungsdelikte sind möglich.
3. Ein echtes Unterlassungsdelikt kann jeder begehen, ein unechtes Unterlassungsdelikt nur ein „Garant"

Leitsatz 12:

(Aufbau des unechten Unterlassungsdelikts)

Beim unechten Unterlassungsdelikt prüft man der Reihe nach folgende Fragen:

1. Ist der Erfolg eingetreten?
2. Hat der Täter die Rettungshandlung trotz Rettungsmöglichkeit unterlassen?
3. War das Unterlassen ursächlich (kausal) für den Erfolg (wäre Erfolg auch bei Tätigwerden eingetreten)? Beim Unterlassungsdelikt wird die „conditio-sine-qua-non"-Formel wie folgt abgewandelt: Ein Unterlassen ist dann ursächlich, wenn die unterlassene Handlung nicht hinzugedacht werden kann, ohne daß der Erfolg mit an Sicherheit grenzender Wahrscheinlichkeit entfällt.
4. Hatte der Täter eine Stellung gem. § 13, kraft der er verpflichtet war, den Erfolg abzuwenden (Garantenstellung)?
5. Der Vorsatz als Bestandteil der Schuld muß umfassen:

   a) die objektiven Tatbestandsmerkmale,

   b) die Erkenntnis, daß die Erfolgsabwendung möglich ist,

   c) die Entscheidung, statt tätig zu werden, nichts zu tun,

   d) die Umstände, die objektiv die Garantenstellung begründen.
6. Wie beim normalen Begehungsdelikt:

   Rechtfertigungs- und Schuldausschließungsgründe.

Vermerk: Da dieses Aufbaumuster für den Anfänger bestimmt ist, wurde es z. T. etwas vereinfacht.

Merke: Die sog. Entsprechungsklausel des § 13 I („wenn das Unterlassen der Verwirklichung des gesetzlichen Tatbestandes durch ein Tun entspricht") gewinnt nur Bedeutung bei den verhaltensgebundenen Delikten, nicht jedoch bei Delikten mit beliebiger Erfolgsverursachung. Deshalb sollte sie auch nur bei ersteren am Ende der Tatbestandsprüfung näher erörtert werden.

II. Versuch und Teilnahme

9. Lektion: Versuch

Versuch und Vollendung

Vorweg eine kleine Denkübung: Überlegen Sie bitte, was unter „wegnehmen" im Sinne des Diebstahls, § 242, zu verstehen ist, vor allem, wann die Wegnahme nach dem rechtspolitischen Zweck dieser Bestimmung abgeschlossen ist. Wegnahme wird definiert als Bruch fremden und Begründung neuen Gewahrsams. Die genaue Definition werden wir uns erst bei der Lektion „Diebstahl" erarbeiten.

FALL 73: Eines Nachts steigt der Dieb D über eine Leiter durch ein offenes Fenster im 1. Stock in die Villa eines Filmschauspielers ein, um dessen große Münzsammlung zu stehlen. Als er sich gerade mit seiner Beute aus dem Fenster schwingen will, stellt ihn der Eigentümer mit vorgehaltener Pistole. – Wir prüfen §§ 242, 243 I 1, 22.
Nach dem, was wir vorher gehört haben, ist ein neuer Gewahrsam noch nicht begründet und der alte nicht gebrochen worden, weil D mit der sperrigen Beute noch nicht außer Reichweite war. Also kein vollendeter Diebstahl!
Sein Vorsatz war allerdings auf Vollendung gerichtet; er umfaßte alle Tatbestandsmerkmale.
Nach § 242 und § 22 könnte D wegen **versuchten** Diebstahls unter den erschwerenden Umständen des § 243 I 1 (Einsteigediebstahl) strafbar sein, weil er nicht nur „zur Verwirklichung der Tat angesetzt", sondern sogar einen Teil des Tatbestandes (Einsteigen, An-sich-Nehmen) erfüllt hat.
Ergebnis: Da Rechtfertigungs- oder Entschuldigungsgründe nicht vorliegen, ist D wegen versuchten Einsteigediebstahls nach §§ 242 und 243 I 2, Ziff. 1, 22 strafbar.
Fußnote: Wie Sie aus der Formulierung des § 22 entnehmen können, gehört der Vorsatz zum Versuchs**tatbestand**, nicht zur Schuld! Aus diesem Grund werden wir dann weiter unten ein eigenes Prüfungsschema für das versuchte Delikt aufstellen müssen.

FRAGE 74: Lesen Sie § 211 und entscheiden Sie dann anhand des Gesetzestextes, ob ein Mordversuch strafbar ist. Zunächst wird man etwas verwirrt, weil von der Strafbarkeit des Mordversuchs nichts geschrieben steht. Wenn man dann §§ 23 I, 12 I liest, atmet man erleichtert auf: Bei der schweren Straftat, den sog. **Verbrechen**, ist der **Versuch immer strafbar**, bei den Vergehen nur, wenn es besonders festgelegt ist.

FALL 75: Wieder steigt der Dieb D in die Villa des Schauspielers und wird gestellt. Bloß wußte er diesmal nichts von der Sammlung. Er wollte sich bloß „umsehen" und stehlen, falls er „etwas Brauchbares" finden sollte.
Der Fall liegt rechtlich genau wie vorher, denn D hatte hier **unbedingten Stehl-Vorsatz** und ist im Ergebnis wieder strafbar nach §§ 242, 243 I 1, 22; stehlen wollte er nämlich auf alle Fälle, soweit er das Gesuchte gefunden hatte.

FALL 76: Wie vorher steigt D in das Luxusgehäuse des Filmstars, doch hat er sich noch nicht zum Diebstahl entschlossen; eigentlich wollte er nur wissen, wie es im Haus eines Schauspielers aussieht.
Nachdem das Böse in D noch nicht endgültig triumphiert hat, liegt kein Diebstahlsversuch vor; es bleibt nur Hausfriedensbruch nach § 123. Bitte machen Sie sich diesen Unterschied zum Fall vorher ganz klar! Vorher war der Diebstahl nur noch von äußeren Umständen abhängig, hier aber noch von der Gewissensentscheidung des D.
Eine Verstandesfrage: Wenn der labile D als bloßer Voyeur in die Villa steigt, dann umfällt und als Dieb herauskommt, ist er dann wegen einfachen oder schweren Diebstahls strafbar?
D ist zwar eingestiegen, aber nicht „zur Ausführung der Tat", wie es § 243 I Ziff. 1 verlangt. Das Motiv des Einsteigens war Neugier, so daß es hier bei § 242 bleibt.

Versuch und Vorbereitungshandlung

FALL 77: Wieder schleicht sich der Dieb auf das Grundstück des Schauspielers und legt die Leiter an. Bevor er die erste Sprosse besteigt, wird er vom Besitzer gestellt. Liegt auch hier schon ein Versuch vor? Der Text des § 22 spricht nicht von der Verwirklichung eines Teils des Tatbestandes, sondern vom „Ansetzen zur Verwirklichung des Tatbestandes". Das ist gegeben, wenn das Verhalten des Täters nach seinem Plan so eng mit der tatbestandsmäßigen Ausführungshandlung verbun-

den ist, daß das **geschützte Rechtsgut unmittelbar gefährdet** ist. Dies ist hier der Fall.
Ergebnis: Strafbarkeit nach §§ 242, 243 I Ziff. 1, 22.

FALL 78: Noch einmal will D einen Einsteigediebstahl begehen. Bewaffnet mit Sack und Leiter studiert er nachts auf der Straße das Namensschild seines Opfers, als ihn ein Polizist als alten Stammkunden erkennt und verhaftet.
Da D hier quasi erst auf dem Weg zur Arbeitsstätte war und noch nicht im Sinne des § 22 angesetzt hatte, haben wir nur eine **straflose Vorbereitungshandlung** vor uns.
Die Abgrenzung von Vorbereitungshandlung und Versuch kann uns im Einzelfall Kopfzerbrechen machen. Studieren Sie bitte die folgenden Fälle, treffen Sie jeweils eine Entscheidung, und lesen Sie erst dann die Lösungen!

FÄLLE 79:
a) X beschmiert eine Fensterscheibe mit Seife, um das Glas ohne Klirren eindrücken zu können und dann ins Haus einzusteigen und zu stehlen.
b) X vergiftet nachts den Hofhund, um einbrechen zu können, sobald der Hund verendet ist.
c) X bohrt nachts ein Fenster einer Bank an, um am nächsten Morgen einzudringen und die Bankbeamten zu zwingen, den Geldtresor zu öffnen usw.
d) X bestellt ein Hotelzimmer, um mit einer 13jährigen Unzucht zu treiben.
e) X geht mit dem gleichen Kind in den Wald, um es dort mit ihm zu treiben.
f) X macht eine falsche Aussage vor Gericht in der Absicht, die anschließende Eidesformel wider besseres Wissens zu sprechen.
g) X wartet bewaffnet an einer wenig belebten Straße auf den Geldboten, um ihn auszurauben.

– Vollendung, Versuch, oder Vorbereitung? –
Lösungen:
a) Versuch
b) Versuch
c) Vorbereitungshandlung, da noch nicht **unmittelbar** zur Verwirklichung angesetzt wurde (Überfall erst am nächsten Morgen!). Aber bereits vollendete Sachbeschädigung!
d) Vorbereitungshandlung
e) Versuch, da Rechtsgut schon gefährdet

f) Vorbereitungshandlung bezüglich Meineid (§ 154), Vollendung bei der Falschaussage (§ 153)
g) Versuch.

Unwillkürlich werden Sie sich an das Goethe-Wort erinnern: Grau, teurer Freund, ist alle Theorie und grün des Lebens goldner Baum.

Der Schritt vom abstrakten Lehrsatz zur richtigen Lösung des Prüfungsfalles ist groß, und nur durch dauernde praktische Übungen bekommen Sie die nötige Trittsicherheit fürs Examen.

Untauglicher Versuch und Wahndelikt

FALL 80: Der Jurastudent J entwendet aus dem Haus seines verreisten Erbonkels eine goldene Uhr und verkauft sie. Später erfährt er, daß der Onkel schon am Tag vor der Tat im Urlaub einem Herzschlag erlegen ist, und er selbst Alleinerbe des Bestohlenen wurde. – Zur Bearbeitung des Falles müssen Sie wissen, daß nach § 1922 BGB das Eigentum im Moment des Todes auf den Erben übergeht. Prüfen Sie jetzt den Sachverhalt wie im Examen.

1. Ein vollendeter Diebstahl nach § 242 scheidet aus, da es am Tatbestandsmerkmal „fremd" fehlt; die Uhr gehört J selbst.
2. Nach § 242 II ist der Diebstahlsversuch strafbar.
3. Da J von dem Erbfall nichts wußte, war sein Vorsatz auf die Wegnahme einer **fremden** beweglichen Sache gerichtet; er handelte also mit Tatentschluß nach §§ 242, 22.
4. Ein „unmittelbares Ansetzen" zur Tat liegt auf Grund der Wegnahme der Uhr vor.
5. Die Tat war nach Vorstellung des J, nicht aber objektiv geeignet, den Straftatbestand des § 242 zu vollenden (keine fremde Sache!). Es handelt sich also um einen **untauglichen Versuch**, und zwar am untauglichen Objekt. Ergebnis: J ist strafbar nach §§ 242, 22.

Die Betätigung des verbrecherischen Willens ist für die Rechtsordnung unerträglich, auch wenn sie im konkreten Fall ungefährlich bleibt. Wir können das aus § 23 III entnehmen.

FRAGE 81: Erinnern Sie sich bitte an unsere Giftmischer-Fälle aus der 2. Lektion und prüfen Sie dann, wie zu urteilen wäre, wenn der Täter ein zu schwaches Gift benützt und deswegen das Opfer nicht planmäßig über den Jordan befördert wird.

Lösung: Strafbarer untauglicher Versuch wegen des **untauglichen Mittels.**

Übersicht 14:

(Irrtum)

über	Fall	behandelt als	Folge
Tatbestandsmerkmale			
1. deren Nichtvorliegen	1. Täter hält objektive Tatbestandsmerkmale für nicht gegeben, die in Wahrheit jedoch vorliegen	1. Tatbestandsirrtum, § 16	1. Vorsatz entfällt, gegebenenfalls Bestrafung als fahrlässiges Delikt
2. deren Vorliegen	2. Täter hält objektiv nicht gegebene Tatbestandsmerkmale für vorliegend	2. untauglicher Versuch, § 22	2. Vorsatz bleibt erhalten, Bestrafung wegen vorsätzlicher versuchter Tatbegehung
Rechtswidrigkeit			
1. deren Nichtvorliegen	1. Das Verhalten des Täters ist rechtswidrig, er hält es aber für erlaubt	1. Verbotsirrtum, § 17	1. Vorsatz bleibt erhalten. a) War Irrtum unvermeidbar, so entfällt die Schuld mangels Unrechtsbewußtsein (vgl. § 17) b) War Irrtum vermeidbar, kann Strafe gemildert werden, § 17 I 2

2. deren Vorliegen	2. Das Verhalten des Täters ist nicht rechtswidrig, er hält es nur für verboten	2. Wahnverbrechen	2. straflos mangels Tatbestandsmäßigkeit
Rechtfertigungsgrund			
1. dessen tatsächliche Voraussetzungen	1. Täter nimmt z. B. irrig Angriff an, der an sich zur Notwehr berechtigen würde	1. Erlaubnistatbestandsirrtum, § 16 analog	1. vgl. oben, neben „Tatbestandsirrtum“
2. dessen rechtliche Grenzen	2. Täter nimmt irrig Rechtfertigungsgrund als weitergehend an, als er tatsächlich ist	2. Verbotsirrtum, § 17	2. vgl. oben, neben „Verbotsirrtum“

FALL 82: Der 60jährige Edle von Schwülenstein, Legationsrat beim Auswärtigen Amt, unterhält warme Beziehungen zu einem 20jährigen Balletttänzer. Er hat die Änderung des § 175 noch nicht mitbekommen und glaubt, daß jede homosexuelle Beziehung strafbar sei.
Begründet wird die Strafbarkeit des untauglichen Versuches zwar nicht mit der objektiven Gefährlichkeit der Tat, sondern damit, daß die Betätigung des verbrecherischen Willens für die Rechtsordnung unerträglich ist. – Irrt der Täter aber wie hier über das Bestehen oder den Geltungsbereich einer Strafnorm, die es gar nicht gibt oder die ihn nicht betrifft, so liegt keine strafbare Auflehnung gegen geltende Gesetze vor, sondern nur ein sog. **Wahndelikt** (auch Wahnverbrechen oder Putativverbrechen).
Wir haben den umgekehrten Fall 48 (Verbotsirrtum) vor uns: Dort glaubte der Täter, eine verbotene Handlung sei erlaubt, während hier der Täter glaubt, eine erlaubte Handlung sei verboten.
Ergebnis: Von S kann wegen des Wahndelikts nicht bestraft werden; §§ 22, 23 sind nicht einschlägig, da sich die Vorstellung des Täters auf keinen gesetzlichen Straftatbestand bezog.

Leitsatz 13:

(Versuch)

1. Der Versuch eines Verbrechens ist immer, der Versuch eines Vergehens nur dann strafbar, wenn es im Gesetz ausdrücklich bestimmt ist, vgl. §§ 23 I, 12.
2. Die Vorbereitungshandlung ist grundsätzlich straflos. Ein Versuch liegt erst dann vor, wenn der Täter nach seiner Vorstellung zur Verwirklichung der Tat unmittelbar ansetzt, § 22, wenn also das geschützte Rechtsgut unmittelbar gefährdet ist.
3. Auch wenn der Versuch auf Grund Unkenntnis des Sachverhalts mit untauglichen Mitteln oder am untauglichen Objekt verübt wurde, bleibt er strafrechtlich relevant. Straflos ist nur das Wahndelikt, bei welchem der Täter auf Grund mangelnder Gesetzeskenntnis irrig einen straflosen Tatbestand für strafbar hält oder den Geltungsbereich einer Strafnorm auf einen straflosen Vorgang ausdehnt.

Zum Schluß wollen wir uns die Irrtumsprobleme der letzten Lektionen anhand einer grafischen Darstellung klarmachen. Bitte prägen Sie sich die Übersichten genauso gut ein wie die Leitsätze.

10. Lektion: Rücktritt vom Versuch

Freiwilliger Rücktritt

FALL 83: Ein Sittenstrolch überfällt nachts im Park eine Frau, um sie zu vergewaltigen. Als er sie schon niedergeworfen hat und gerade den Verkehr mit ihr beginnen will, rührt sich sein Gewissen, und er gibt die Tat auf. – Prüfen Sie bitte zunächst nur §§ 177, 22 ff.

Mangels Beischlaf ist die Vergewaltigung, § 177, nicht vollendet. Da § 177 Verbrechen ist, wird schon der Versuch bestraft, §§ 23, 12. Ein Tatentschluß im Sinn von § 22 lag vor; auch hat der Täter zur Verwirklichung des Tatbestandes unmittelbar angesetzt, § 22. Da Rechtfertigungs- und Entschuldigungsgründe nicht eingreifen, hat sich der Wüstling der versuchten Vergewaltigung schuldig gemacht.

Es könnte aber der persönliche **Strafaufhebungsgrund** des § 24 eingreifen, so daß er trotz der schuldhaft-rechtswidrigen Tat straffrei ausgeht.

Freiwilligkeit nach § 24 I 1 liegt vor, wenn sich der Täter sagt: Ich kann (die Tat vollenden), aber ich will nicht. Auf ein edles Motiv kommt es nicht an.

Freiwilliger Rücktritt ist selbst dann anzunehmen, wenn der Täter aus Furcht vor Strafe oder wegen seiner Aufregung zurücktritt. Ergebnis: Straflosigkeit des Täters wegen § 24.

Fußnote: Die Handlung stellt neben der versuchten Vergewaltigung auch noch eine vollendete Nötigung dar, § 240. Bei vollendeten Delikten gibt es keinen Rücktritt, so daß der Lustmolch insoweit strafbar bleibt (Fall des sog. **qualifizierten Versuchs**).

FALL 84: Wieder wirft ein Unhold eine nächtliche Passantin zu Boden, um sie zu vergewaltigen. Diesmal rührt sich bei ihm zwar kein Gewissen, aber auch sonst nichts. Mangels Tagesform läßt er von der Frau ab. Prüfen Sie zunächst wieder nur §§ 177, 22 ff.

Hier liegt wieder ein Rücktritt vor, aber es fehlt an der Freiwilligkeit. Der verhinderte Frauenschänder sagt sich: Ich will, aber ich kann nicht.

Ergebnis: Strafbarer Versuch nach §§ 177, 22, 23 I.

Bei den folgenden Fällen prüfen wir aus pädagogischen Gründen zunächst nicht nach unserem Klausurschema und gehen auch nicht auf den Besonderen Teil des StGB ein, sondern untersuchen jeweils nur § 24.

FALL 85: Ein Linksradikaler (L) wird in den Staatsdienst übernommen und benutzt seine Kenntnisse von den Lebensgewohnheiten eines hohen Beamten dazu, um in dessen Haus eine Zeitbombe zu installieren. Kurz vor der Stunde X kriegt er's mit der Angst zu tun, ruft sein Opfer an und warnt es. Die Bombe kann entschärft werden. – Bitte nehmen Sie sich zunächst § 24 vor und unterstreichen Sie mit Bleistift jedes Wort des Gesetzestextes, welches Ihrer Meinung nach hier einschlägig ist.

Entscheidend sind die Worte „wer freiwillig ... deren Vollendung verhindert". Die zweite Alternative von § 24 I Satz 1 behandelt also die Fälle, in denen der Täter glaubt, alles getan zu haben, was erforderlich ist, um den Erfolg herbeizuführen (sog. **beendeter Versuch**).

Hierin liegt der Unterschied zu den vorigen Fällen des nichtbeendeten Versuches (§ 24 I 1, erste Alternative), bei denen der Täter zur Vollendung der Tat noch weitere Handlungen vornehmen mußte.

Ergebnis: L ist nach § 24 vom beendeten Versuch strafbefreiend zurückgetreten.

Vermerk: Bei beendetem Versuch (§ 24 I Satz 1, zweite Alternative) nennt man den Rücktritt auch **tätige Reue**.

FALL 86: Sachverhalt wie vorher, bloß geht das Opfer früher als gewöhnlich zum Dienst (womit bei einem Beamten natürlich nicht zu rechnen wäre), so daß die Bombe nur Sachschaden anrichtet. Als L das erfährt, gibt er seine Mordpläne auf.

Da der angestrebte Erfolg trotz planmäßigen Ablaufs der Kausalreihe nicht erreicht wurde, spricht man hier von einem **fehlgeschlagenen Versuch** – bitte nicht verwechseln mit dem untauglichen Versuch! Wie Sie bei Fall 84 gesehen haben, ist jeder strafbefreiende Rücktritt ausgeschlossen, sobald der Täter den Fehlschlag bemerkt.

Ergebnis: Strafbarer Versuch bezüglich des Tötungsdelikts, kein Rücktritt im Sinne von § 23. Daneben qualifizierter Versuch, d. h. vollendete Sachbeschädigung usw.

FALL 86 a: Wieder legt ein verfassungsfeindlicher Verfassungsdiener eine Zeitbombe, die aber wegen eines Konstruktionsfehlers nicht zünden konnte. Der Täter, der nichts von dem Fehlschlag weiß, hält sich nachträglich die trauernde Witwe vor Augen und warnt noch vor der erwarteten Explosion sein Opfer telefonisch.

Hier gilt § 24 I 2; der Terrorist bleibt wegen **freiwilligen Rücktritts** straflos, weil er noch an die **Vollendung der Tat glaubte**. Die Voraussetzungen des „freiwilligen Bemühens" nach § 24 I 2 sind im übrigen die gleichen wie bei der Freiwilligkeit des Rücktritts; ferner erfordert § 24 I 2 Ernsthaftigkeit des Bemühens, die Vollendung zu verhindern.

FALL 87: Wie vorher, bloß ist die Bombe funktionsfähig, wird aber noch rechtzeitig entdeckt.

Ergebnis: Straffreiheit nach § 24 I Satz 2.

FALL 88: Ein anderer Terrorist, ebenfalls ein gläubiger Jünger des Marxismus-Leninismus, will die Gesellschaft vom Konsumterror befreien. Aus diesem edlen Motiv heraus versteckt er nachts eine Brandbombe in einem Kaufhaus. Kurz bevor der Zeitzünder wirkt, denkt er an seine eigenen preiswerten Einkäufe in dem Haus und ruft den Geschäftsführer an. Da die Leitung belegt ist, kommt er nicht rechtzeitig durch, und 100 Menschen werden getötet.

Da die **Vollendung nicht verhindert** wurde, entfällt trotz des freiwilligen Bemühens der Strafaufhebungsgrund des § 24 I 1, zweite Alternative. Unser rechtgläubiger Terrorist ist also wegen vollendeter Tat strafbar.

Damit Sie sehen, warum wir uns in diesem Abschnitt auf die Problematik des § 24 beschränkt haben, lesen Sie bitte die folgenden §§ des Besonderen Teils, die Sie in der Klausur oder Hausarbeit alle hätten prüfen müssen: 211, 212, 223, 224, 225, 226, 303, 306, 306 a, 306 b, 306 e, 310, 312. Diese Bestimmungen sind zum Großteil nicht Gegenstand des kleinen Strafrechtsscheins und sollen Sie erst später beschäftigen.

Wir fassen zusammen und merken uns dabei nur einige Grundgedanken, denn das meiste kann in der praktischen Arbeit aus § 24 direkt entnommen werden.

Leitsatz 15:

(Rücktritt vom Versuch)

1. Der Rücktritt vom Versuch nach § 24 ist ein persönlicher Strafaufhebungsgrund, läßt also z. B. ähnlich wie der persönliche Strafausschließungsgrund der Angehörigenbegünstigung (§ 258 VI) die rechtswidrig-schuldhafte Tatbestandsverwirklichung unberührt.
2. Freiwilliger Rücktritt liegt vor, wenn sich der Täter sagt: Ich kann (die Tat auch ausführen), aber ich will nicht. Keine Freiwilligkeit, wenn sich der Täter sagt: Ich will, aber ich kann nicht. – Ein edles Motiv für den Rücktritt ist nicht erforderlich.
3. Solange der Täter die Vollendung der Tat für möglich hält, kann er strafbefreiend zurücktreten, auch wenn die Vollendung in Wirklichkeit nicht (mehr) möglich ist.
4. Wenn der Täter alles getan hat, was nach seiner Auffassung von der Tat zur Vollendung nötig ist (sog. beendeter Versuch, § 24 I 1, zweite Alternative), so muß er den Erfolg verhindern (tätige Reue), um straffrei zu werden.
5. Falls in dem aufgegebenen Versuch ein vollendetes weiteres Delikt enthalten ist (qualifizierter Versuch), bleibt der Zurücktretende insoweit immer noch strafbar.

Leitsatz 16:

(Aufbau der versuchten Straftat)

Vorprüfung:

1. Fehlen der Vollendung,
   d.h. Feststellung, daß nicht alle objektiven Tatbestandsmerkmale des Delikts erfüllt sind.
2. Strafbarkeit des Versuchs des betreffenden Delikts.

I. Tatbestandsmäßigkeit

1. Tatentschluß i. S. d. § 22, bestehend aus
   a) Tatvorsatz bezüglich sämtlicher objektiver Tatbestandsmerkmale des Delikts (mit Möglichkeit des Tatbestandsirrtums gem. § 16)
   b) Vorliegen der subjektiven Tatbestandsmerkmale (falls in Deliktsbeschreibung vorgesehen)

2. Unmittelbares Ansetzen zur Tatbestandsverwirklichung (hier Abgrenzung strafbare Versuchshandlung – straflose Vorbereitungshandlung)

II. Rechtswidrigkeit
Fehlen von Rechtfertigungsgründen

III. Schuld
Hier sind wie üblich Schuldfähigkeit, Unrechtsbewußtsein und Entschuldigungsgründe zu prüfen mit der Besonderheit, daß der Tatvorsatz hier nicht mehr zu untersuchen ist, da er schon bei der Tatbestandsmäßigkeit untersucht wurde.

IV. Rücktritt vom unbeendeten oder beendeten Versuch, § 24.

Bei einem Lehrbuch, das seinen Zweck erfüllen soll, müssen das pädagogische und das juristisch-fachliche Element gleichrangig nebeneinanderstehen. Da Sie nun schon bald die Hälfte des Buches durchgearbeitet haben, müssen Sie in der Lage sein, die immer wiederkehrenden studientechnischen Hinweise aus dem Gedächtnis zu wiederholen. Bitte machen Sie sich die Mühe und schreiben Sie alle Punkte erst zur Kontrolle auf einen Zettel, bevor Sie weiterlesen. Wir wollen die Hinweise in einem Leitsatz zusammenfassen.

Leitsatz 17:

(Studientechnische Hinweise)

1. Bei jeder im Text aufgeworfenen Frage erst selbständig überlegen, bevor Sie weiterlesen!
2. Alle Leitsätze und Übersichten genauestens einprägen!
3. Vor Beginn einer neuen Lektion die Leitsätze und Übersichten der vorhergehenden Lektion wiederholen.
4. Langsam lesen, keine Unklarheiten bestehen lassen!
5. Alle im Text erwähnten oder am Ende der Lektionen zur Lektüre empfohlenen §§ im Gesetz nachschlagen!
6. Soweit es die Prüfungsordnung ihres Hochschulortes zuläßt, machen Sie sich in Ihrem Gesetz die jeweils empfohlenen Vermerke und unterstreichen Sie jeden im Text erwähnten § in Ihrem Gesetzestext.

Sollten Sie nicht alle 6 Punkte parat gehabt haben, so studieren Sie diesen Leitsatz noch einmal gründlich und beachten Sie ihn in Zukunft besonders genau. Dadurch werden Sie zum Studieren dieses Büchleins vielleicht 10% mehr Zeit brauchen, aber Sie gewinnen mindestens 100% mehr positives Wissen, als wenn Sie es nur oberflächlich lesen.

11. Lektion: Täterschaft

Der mittelbare Täter

FALL 89: Aus einem abfahrbereiten Zug sieht Klau einen Koffer am Bahnsteig stehen. Sein Besitzer studiert gerade intensiv den Fahrplan. Als sich der Zug in Bewegung setzt, ruft Klau: „Mein Gott, ich habe meinen Koffer vergessen!“ Ein nichtsahnender Passant (P) reicht ihm schnell noch den Koffer durch das Zugfenster. Strafbarkeit der Beteiligten?
Der Trickdieb Klau hat sich „fremder Hände“ für die Wegnahme bedient. Er blieb im Hintergrund und hat P als menschliches Werkzeug, als verlängerten Arm für seine Tat benützt. Klau ist **mittelbarer Täter** des Diebstahls gemäß § 25 I, 2. Alternative. Beim sog. „Tatmittler“ P fehlt schon das subjektive Tatbestandsmerkmal der Zueignungsabsicht, außerdem der Vorsatz: Er wollte weder dem Eigentümer etwas wegnehmen noch hatte er die Absicht der rechtswidrigen Zueignung.
Während also der unmittelbare Täter des § 25 I, 1. Alternative alle subjektiven und objektiven Tatbestandsmerkmale in seiner Person verwirklicht, bedient sich der mittelbare Täter hinsichtlich der Erfüllung des objektiven Tatbestandes eines Werkzeugs. § 25 I, 2. Alternative.
Ergebnis: Klau ist strafbar wegen eines in mittelbarer Täterschaft begangenen Diebstahls, §§ 242, 25 I, 2. Fall. P hat nicht tatbestandsmäßig gehandelt; er war zudem ein nicht vorsätzlich handelndes (= **undoloses**) **Werkzeug**.

FALL 90: Wie vorher, bloß schreitet der Eigentümer ein, bevor P den Koffer an Klau weitergeben kann.
Da der mittelbare Täter genau wie der unmittelbare behandelt wird, ist bereits die Einwirkung auf das Werkzeug P als Versuch anzusehen. Klau ist also strafbar nach §§ 242, 25, 22.

FALL 91: A will dem beschränkten, aber jähzornigen B eins auswischen. Auf einem Volksfest erzählt er ihm, der C am Nebentisch habe ihn gerade als Dorftrottel bezeichnet und gelacht. B geht sofort auf C los, wird aber von C, der ein geübter

Karatesportler ist, mühelos niedergeschlagen. Genau das hatte A vorhergesehen. Strafbarkeit der Beteiligten?

A hat den Tatablauf geplant und durch seine unwahre Mitteilung an B in die Wege geleitet. C hat sich gegen den Angriff des B verteidigt; seine Handlungsweise ist gerechtfertigt, da er in Notwehr gehandelt hat, § 32.

Ergebnis: A ist mittelbarer Täter der Körperverletzung, die C als sein **rechtmäßig handelndes Werkzeug** dem B zugefügt hat.

Ebenso wäre der unlautere Zeuge mittelbarer Täter einer Freiheitsberaubung, § 239, der durch falsche Angaben die Verurteilung eines Unschuldigen zu einer Freiheitsstrafe veranlaßt. Der Richter, der dem Zeugen Glauben geschenkt hat, wäre dessen rechtmäßig handelndes Werkzeug.

FALL 92: Ein deutsches Strafgericht hatte einmal das Verhalten von Eltern zu beurteilen, die ihre Tochter bewußt zum Selbstmord trieben. Sie quälten das Mädchen so lange, bis es aus Verzweiflung ins Wasser ging und ertrank. Wie haben sich die Eltern strafbar gemacht?

Die Eltern haben ihre Tochter zwar nicht selbst getötet, doch wollten sie ihren Tod. Sie haben alles daran gesetzt, um das Mädchen lebensmüde zu machen. Sie sahen ihren Selbstmord kommen und arbeiteten erfolgreich darauf hin. Es war das **Opfer selbst das Werkzeug**, das den Eltern zur Durchführung ihres Tötungsplanes diente.

Ergebnis: Die Eltern haben sich eines Tötungsdelikts, begangen in mittelbarer Täterschaft, schuldig gemacht. Ihr Werkzeug war das Opfer, das selbst keinen Straftatbestand verletzte. – Ob § 212 oder 211 vorlag, können wir erst bei Kenntnis der näheren Tatumstände entscheiden.

FALL 93: Ein Bauer befiehlt seinem Knecht, für ihn beim Nachbarn Hühner zu stehlen? Der Knecht tut es. Wie haben sich die Beteiligten strafbar gemacht?

Wir erkennen im Bauern sofort den mittelbaren Täter und im Knecht das Werkzeug. Zwar hatte der Knecht nicht die Absicht, sich die Tiere anzueignen. Er hat jedoch in Kenntnis der Sachlage die fremden Hühner weggenommen, um sie seinem Bauern zu geben. Er hat ohne Zueignungsabsicht, aber vorsätzlich (= dolos) gehandelt.

Ergebnis: Der Knecht war **absichtsloses, doloses Werkzeug** und wird wegen Beihilfe zum Diebstahl zu bestrafen sein, §§ 242, 27, wie wir in der nächsten Lektion sehen werden. Der Bauer hat sich eines Diebstahls, begangen in mittelbarer Täterschaft, schuldig gemacht, §§ 242, 25 I, 2. Alternative.

FALL 94: Während eines Banküberfalls zwingt ein Täter (T) den Kassierer (K) mit vorgehaltener Pistole, den Filialleiter zu töten. Wie wird die Tat bestraft?
K hat vorsätzlich getötet; er tat dies jedoch nur, weil er bei einer Weigerung um sein Leben hätte fürchten müssen. Wir lesen § 35 (entschuldigender Notstand). K hat als **schuldloses, doloses Werkzeug** gehandelt. T hat sich K durch Drohung gefügig gemacht und ihn als Werkzeug für seine Zwecke mißbraucht.
Ergebnis: T hat sich eines Tötungsdelikts, begangen in mittelbarer Täterschaft, schuldig gemacht, §§ 212 (oder, je nach Umständen, 211), 25.
Weitere schuldlos-dolose Werkzeuge können z. B. Kinder oder Geisteskranke sein.

Mittäterschaft

FALL 95: Drei Einbrecher plündern nach einem abgesprochenen Plan eine Bank. Zwei Mann steigen nach Durchfeilen der Gitter durch ein Fenster ein, einer davon schweißt den Tresor auf. Der zweite hat vorher die Alarmanlage ausgeschaltet; später trägt er die Beute hinaus zum dritten Täter, der im startbereiten Wagen vor dem Gebäude sitzt und auch als Wache fungiert. Nach erfolgreicher Tat wird die Beute geteilt. Strafbarkeit der Beteiligten?
Wir bejahen einen besonders schweren Fall des Diebstahls, §§ 242, 243 I, 1. Dann lesen wir § 25 II. Danach wird als Täter bestraft, wer die Tat gemeinschaftlich mit anderen begeht. Man nennt die Beteiligten in unserem Fall Mittäter.
Hier ist das Verbrecherteam nach gemeinsamem Plan arbeitsteilig vorgegangen; die drei Mann haben bewußt und gewollt zusammengewirkt. Wir haben nach dem Wortlaut und Sinn des § 25 II den typischen Fall der Mittäterschaft vor uns. Auch wenn nicht jeder eine Wegnahmehandlung beging, so hat doch jeder ein notwendiges Teilstück zum Erfolg beigesteuert und dadurch den Ablauf der Tat (mit)beherrscht.
Die Lehre von der **Tatherrschaft** ist wesentlicher Inhalt der überwiegend vertretenen sog. **materiell-objektiven Theorie**, die uns dazu dient, den Täter vom Teilnehmer (Anstifter oder Gehilfe) zu unterscheiden. Täter ist danach, wer an der Tatherrschaft teilhat, d. h. wer mit eigenem Willen zur Durchführung

der Tat das Geschehen mitbeherrscht. Wir erkennen den Mittäter in der Regel daran, daß er am Tatentschluß mitwirkt und einen Teil der Ausführung übernimmt. Das eigene Interesse am Erfolg kann als Indiz für Mittäter dienen.
Ergebnis: **Alle drei** Täter sind wegen je eines in Mittäterschaft begangenen Vergehens des besonders schweren Diebstahls nach §§ 242, 243 I 1, 25 II zu bestrafen!
Anläßlich der Verhandlung über einen gemeinsamen Straßenraub haben die Gerichte z. B. auch einen Beteiligten als Mittäter verurteilt, der während der Tat nur dabeistand, weil er bei Planung und Beuteteilung beteiligt war und schon durch seine Anwesenheit das Opfer eingeschüchtert habe – zweifellos ein Grenzfall!

FALL 96: Ein Einbrecher (E) will ein Haus ausräumen, dessen Bewohner im Urlaub sind. Um nicht gestört zu werden, gibt er einem Landstreicher (L) 20,– DM und trägt ihm auf, in der Nähe zu bleiben und zu pfeifen, wenn jemand kommen sollte. L ist einverstanden; das Unternehmen wird ohne Störung durchgeführt. Wie haben sich die beiden strafbar gemacht?
Haben die beiden die Tat „gemeinschaftlich“ im Sinne von § 25 II durchgeführt oder hat L nur „Hilfe geleistet“, wie § 27 I es ausdrückt? – Die Rolle des L war offenbar untergeordnet, ein besonderes Interesse am Erfolg der Tat hatte er nicht: Er bekam die 20,– DM von E und tat daher für ihn das, was dieser wünschte.
Weder hat er den Tatentschluß mitgefaßt, noch mit seinem Willen die Tatdurchführung mitbeherrscht. L war nicht Mitglied eines Teams, sondern nur Randfigur.
Ergebnis: Nach der materiell-objektiven Theorie ist E Täter des schweren Diebstahls, L nur Gehilfe, da E die Tatherrschaft hatte, L aber nicht. E ist strafbar wegen eines Vergehens des besonders schweren Diebstahls nach §§ 242, 243 I 1, L wegen Beihilfe hierzu, § 27 I.

FRAGE 97: Können Sie sich noch andere Kriterien vorstellen, nach denen man den Täter einer Straftat vom Teilnehmer unterscheiden könnte?
Tatsächlich hat es in der Rechtswissenschaft darüber die verschiedensten Meinungen gegeben. Man hat z. B. nur den als Täter bezeichnet, der die tatbestandsmäßige Ausführungshandlung begeht (**formal-objektive Theorie**). Teilnehmer war danach, wer Vorbereitungshandlungen oder bloß unterstützende Handlungen während der Tatausführung unternahm. – Man

hat kritisiert, daß nach dieser Theorie der Bandenchef, der eine Straftat organisiert, selbst aber bei der Ausführung keinen Finger rührt, nicht als Mittäter bestraft werden könnte.
Eine weitere Möglichkeit der Abgrenzung ist der Wille des Täters. Diese **subjektive Teilnahmetheorie** bezeichnet den als Täter, der den Täterwillen (lat. animus auctoris) hat und somit die Tat als eigene will. Anstifter oder Gehilfe ist, wer den Teilnehmerwillen (lat. animus socii) hat und sich an fremder Tat beteiligen will. – Hierzu ist kritisch vermerkt worden, daß nach dieser Theorie jemand, der alle Tatbestandsmerkmale einer strafbaren Handlung selbst erfüllt hat, nicht als Täter bestraft werden kann, nur weil er nicht den Täterwillen hatte. Demgegenüber sieht das Gesetz seit dem 1. 1. 1975 in § 25 I jeden als Täter an, der die Tat selbst begeht.
Wir haben uns daher eingangs der **materiell-objektiven** Theorie angeschlossen, die beim Mittäter neben dem gemeinsamen Wollen der Tat auch noch einen Anteil an der Tatherrschaft fordert. Außerdem muß der Mittäter die gemeinsam gewollte Tat noch irgendwie gefördert haben, ohne daß aber sein Beitrag für die Tatvollendung kausal sein muß.

FALL 98: Vier Rocker haben einen Raub geplant und durchgeführt. Plötzlich versetzt einer der Rocker dem Opfer einen Messerstich, was nicht abgesprochen war. Sind die anderen drei auch wegen eines Verbrechens der gefährlichen Körperverletzung nach §§ 223, 224, 25 II zu bestrafen?
Nein, für den **Exzeß** eines Mittäters haften die anderen nicht. Jeder ist strafrechtlich nur soweit verantwortlich, wie sein Wille reicht, § 29.
Zur Vertiefung noch ein weiterer

FALL 99: Wie vorher, jedoch stand einer der Rocker derart unter Alkoholeinfluß, daß seine Schuldfähigkeit erheblich vermindert war, § 21. Beeinflußt dieser Umstand die Bestrafung der anderen?
Nein. Wir lesen § 29: Danach wird **jeder nach seiner Schuld** bestraft, und zwar ohne Rücksicht auf die Schuld der anderen. Die Strafe des Betrunkenen kann nach §§ 21, 49 I gemildert werden; an der Bestrafung der übrigen ändert sich nichts.

FALL 100: A und B entwenden in einem Schmuckgeschäft mehrere Perlenketten. Wie abgesprochen, lenkt A die Verkäuferin ab, während B die Ketten schnell in die Rocktasche steckt. – Daß die beiden Mittäter eines Diebstahls sind, können wir je-

doch sofort erkennen. Welche Folgen hat es, wenn A durch Diebstähle seinen Lebensunterhalt bestreitet, während B nur hie und da straffällig wird?
Wir lesen § 243 I 3. Ein besonders schwerer Fall des Diebstahls ist gegeben, wenn jemand **gewerbsmäßig** stiehlt. Gewerbsmäßigkeit liegt vor, wenn sich der Täter aus wiederholten Diebstählen eine nicht nur vorübergehende Einnahmequelle verschafft. Das ist bei A gegeben, er ist also nach § 243 I 3 zu strafen. – Hat dies eine Auswirkung auf B?
Wir lesen § 28 II, wonach **besondere persönliche Merkmale**, welche die Strafe schärfen, nur für den Beteiligten gelten, bei dem sie vorliegen. Die gewerbsmäßige Begehungsweise des A ist für B daher unschädlich.
Ergebnis: A hat sich eines in Mittäterschaft begangenen besonders schweren Diebstahls nach §§ 242, 243 I 3, 25 II, B eines in Mittäterschaft begangenen Vergehens des Diebstahls nach §§ 242, 25 II schuldig gemacht, § 28 II.

FALL 101: Zwei Ganoven räumen gerade einen Laden aus, in den sie durch Einschlagen einer Glastür gelangt sind. Ein weiterer Einbrecher (E) kommt zufällig vorbei und fragt die „Kollegen", ob sie noch einen erprobten Mann gebrauchen könnten. Die anderen freuen sich über den Zuwachs, da es viel wegzuschaffen gibt. E arbeitet mit; die Beute wird später geteilt. Konnte E grundsätzlich noch Mittäter werden?
Ja, die Tat der anderen Einbrecher war noch nicht beendet, und E hat auch einen Tatbeitrag geliefert.
Man nennt seine Beteiligung **sukzessive Mittäterschaft**. – E konnte ungehindert durch die Glastür ins Haus. Wird er nur nach § 242 bestraft?
Nein, er hat sich das Einschlagen der Türe zunutze gemacht und muß es sich zurechnen lassen; er wird wegen schweren Diebstahls, begangen in Mittäterschaft, verurteilt, §§ 242, 243 I 1, 25 II.
Wenn Sie sich jetzt an den Schluß des Falles 76 aus der Lektion „Versuch" erinnern, wird Ihnen ein gewisser Widerspruch zwischen den beiden Fallösungen auffallen. Die Rechtsprechung begründet die abweichende Würdigung des obigen Falles mit der unterschiedlichen psychologischen Lage des Sukzessivtäters.

FALL 102: Zwei Zuschauer eines Fußballspiels ärgern sich dermaßen über den Schiedsrichter, daß sie ihn erschießen wollen. Beide wissen nichts voneinander. Als der Schiedsrichter das

Spielfeld verläßt, treffen ihn im gleichen Moment zwei tödliche Schüsse. Waren die beiden Täter Mittäter?
Nein, sie haben nicht gemeinschaftlich gehandelt. Es fehlt am bewußten und gewollten Zusammenwirken. Beide sind als Alleintäter, § 25 I, zu bestrafen. Man spricht von **Nebentäterschaft**.
Das Problem der kumulativen Kausalität, welches hier in der Klausur noch zu erörtern wäre, haben wir schon bei Fall 11 kennengelernt.

FALL 103: Drei Zeugen sprechen sich ab und beschwören in einem Rechtsstreit alle einen falschen Sachverhalt. Sind sie Mittäter?
Nein, denn bei den sog. **eigenhändigen Delikten** gibt es keine Mittäterschaft. Meineid, § 154, ist ein solches eigenhändiges Delikt, welches nur von dem jeweils tatsächlich Handelnden begangen werden kann. – Weiteres eigenhändiges Delikt: § 173; bitte lesen!

Leitsatz 18:

(Täterschaft)

1. **Täter** ist nach der herrschenden materiell-objektiven Theorie, wer Tatherrschaft hat, d. h. wer mit eigenem Willen zur Durchführung der Tat das Geschehen beherrscht bzw. als Mittäter mitbeherrscht.
2. Der **mittelbare Täter** bedient sich zur Tat eines Tatmittlers, eines menschlichen Werkzeugs, § 25 I, 2. Alternative. Beim Werkzeug fehlt jeweils etwas, was den Täter ausmacht (sonst läge begrifflich keine mittelbare Täterschaft, sondern Mittäterschaft vor). Die wichtigsten Fälle:
   a) Das Opfer ist das Werkzeug, wird z. B. in den Selbstmord getrieben.
   b) Das Werkzeug handelt rechtmäßig, z. B. in Notwehr.
   c) Das Werkzeug handelt undolos (ohne Vorsatz, gutgläubig).
   d) Das Werkzeug handelt schuldlos-dolos, z. B. Kinder oder Geisteskranke.
   e) Das Werkzeug handelt absichtslos-dolos, z. B. ohne Zueignungsabsicht beim Diebstahl.

   Mittelbare Täterschaft ist grundsätzlich ausgeschlossen bei den eigenhändigen Delikten wie z. B. Meineid oder Verwandtenbeischlaf.

3. Die **Mittäterschaft**, § 25 II, liegt vor, wenn mehrere Täter bewußt und gewollt arbeitsteilig in der Weise zusammenwirken, daß jeder an der Tatherrschaft teilhat. Indizien für den Mittäter: Wirkt bei der Entschlußfassung mit, übernimmt einen Teil der Ausführung, hat ein eigenes Interesse am Erfolg. – Stichwort: Teamwork.
   Sukzessive Mittäterschaft liegt vor, wenn sich jemand einem anderen als Mittäter anschließt, bevor dieser seine Tat vollendet hat. Erschwerende Umstände, die vor dem Beitritt liegen, muß sich der sukzessive Täter zurechnen lassen.
   Für den **Exzeß** eines anderen Mittäters wird nicht gehaftet.
   Jeder Mittäter wird nach seiner Schuld bestraft; besondere persönliche Merkmale, die nicht strafbegründend sind, treffen nur den Mittäter, bei dem sie vorliegen; §§ 29, 28 II.
4. Von **Nebentäterschaft** spricht man, wenn zwei Täter unabhängig voneinander handeln. Sie gelten als Alleintäter, § 25 I.

12. Lektion: Anstiftung und Beihilfe

Anstiftung

FALL 104: Ede trifft in einer Kneipe den vielfach vorbestraften Gustav. „Mensch Gustav", sagt Ede, „um Dich ist es aber still geworden! Höchste Zeit, daß Du wieder mal ein Ding drehst." Gustav geht diese Äußerung nicht mehr aus dem Kopf. Einige Tage später entdeckt er eine Gaststätte, deren Belegschaft Betriebsferien macht. Dort bricht er ein.
In der Klausur bejahen wir zunächst bei Gustav §§ 242, 243 und fragen dann weiter, ob Ede Anstifter i. S. des § 26 ist. Als Anstifter wird nur bestraft, wer zu einer **bestimmten Tat** aufgefordert hat. Zwar müssen nicht alle Einzelheiten festliegen, jedoch genügt die allgemeine Aufforderung, straffällig zu werden, nicht.
Ergebnis: Ede kann wegen Anstiftung nicht belangt werden, er bleibt straflos.

FALL 105: Eine Verkäuferin (V) hat einen neuen Freund (F) kennengelernt. Beiläufig erzählt sie ihm, daß ihre Chefin die

Einnahmen nur Dienstag und Freitag zur Bank bringt. Sie verstehe diese Nachlässigkeit nicht, da die Fenster des Geschäftsraumes nicht vergittert seien. Kurz darauf bricht F im Laden ein. Hat sich V der Anstiftung zum Diebstahl unter erschwerenden Umständen schuldig gemacht?
Schon gefühlsmäßig werden Sie dazu neigen, die beiläufige Äußerung der V nicht als Anstiftung zu werten. Anstifter ist nach § 26 nur, wer einen anderen **vorsätzlich** zu dessen Tat anstiftet. Fahrlässige Anstiftung gibt es nicht.

FALL 106: Familie A ist mit der Nachbarfamilie (N) verfeindet. Frau A drängt ihren Mann, Herrn N doch endlich mal zu ohrfeigen. Als er zögert, bietet sie ihm eine Gegenleistung an: Er dürfe wöchentlich einmal zum Kartenspielen in die Dorfkneipe. Da kann der Mann nicht widerstehen und schlägt N. § 223 ist erfüllt. Ist Frau A wegen Anstiftung zu bestrafen?
Die Tat des A war vorsätzlich und rechtswidrig.
Frau A hat A vorsätzlich zu seiner Tat bestimmt; sie hat in ihm den Entschluß zur Ohrfeige hervorgerufen, § 26.
Welches Mittel der Anstifter gebraucht, ist gleichgültig, z. B. Überredung, Geschenke, oder – wie hier – gewisse Freiheiten.
Ergebnis: Frau A ist strafbar wegen Anstiftung zu einem Vergehen der Körperverletzung, §§ 223, 26.

FALL 107: Wie vorher; A läßt sich aber nicht überreden, er schlägt N nicht. Strafbarkeit der Frau A?
Ohne Haupttat keine Anstiftung. Die Bestrafung des Anstifters ist abhängig vom Begehen der Haupttat. Man nennt das den Grundsatz der **Akzessorietät**. Frau A hat die Anstiftung nur versucht; versuchte Anstiftung ist grundsätzlich nicht strafbar.
Merke: In der Klausur prüft man wegen der Akzessorietät den Täter immer vor dem Anstifter und den anderen Teilnehmern!
Ergebnis: Frau A bleibt straflos.
Wie wäre es, wenn sie erfolglos versucht hätte, ihren Mann zur Tötung von N anzustiften? Wir lesen § 30 I 1. Totschlag ist ein Verbrechen, §§ 212, 12 I. Die **versuchte Anstiftung** zu einem Verbrechen ist in § 30 unter Strafe gestellt.

FALL 108: Einbrecher Ede hat wieder mal ein Ding gedreht. Freund F überredet Edes Schwester S, ihn vor der Polizei zu verstecken. Sie tut es – ein Fall von Strafvereitelung, § 258 I. Allerdings bleibt sie straffrei, weil sie zugunsten ihres Bruders, also eines Angehörigen gehandelt hat, §§ 258 IV, 11 II.

Wie ist F zu bestrafen? Aus § 28 II entnehmen wir, daß persönliche Merkmale, die die Strafe ausschließen (oder schärfen oder mildern), nur für den Beteiligten gelten, für den sie vorliegen.
Ergebnis: Da Ede nicht Angehöriger von F ist, hat sich dieser wegen Anstiftung zu einem Vergehen der Strafvereitelung strafbar gemacht, §§ 258 I, 26.

FALL 109: B und S sind erwachsene leibliche Geschwister. A überredet erfolgreich den B, seine Schwester S zu lieben (nicht nur brüderlich). Strafbarkeit der Beteiligten?
Wir lesen § 173, der den Beischlaf zwischen Verwandten unter Strafe stellt. B und S sind leibliche Geschwister und haben daher den Tatbestand des § 173 II 2 erfüllt. A hat in B den Tatentschluß hervorgerufen, ist also Anstifter zu dieser Tat, § 26. – Ist damit unsere Prüfung des Falles zu Ende?
Ein strafbegründendes Merkmal ist die Eigenschaft des B, Bruder der S zu sein. Wäre er es nicht, so hätte er sich wegen des Beischlafs mit S nicht strafbar gemacht.
A, der nicht Bruder der S ist, hat B zur Tat angestiftet. Für einen solchen Fall bestimmt § 28 I, daß die Strafe des Anstifters nach § 49 I zu mildern ist.
Ergebnis: B und S sind schuldig je eines Vergehens des Beischlafs zwischen Geschwistern nach § 173 II 2. A ist strafbar wegen Anstiftung zu einem Vergehen des Beischlafs zwischen Geschwistern nach §§ 173 II 2, 26, 28 I, 49 I.

FRAGE 110: Was sagen uns die drei Vorschriften § 28 I, § 28 II und § 29? Was haben sie gemeinsam, was unterscheidet sie?
Sie sollten jetzt die zitierten Vorschriften mehrfach ganz genau lesen und sich dann notieren, was Ihnen daran auffällt. Wenn Sie die gestellten Fragen beantwortet haben, lesen Sie bitte weiter:
Rein formal können wir feststellen, daß verschiedene Begriffe geklärt werden:
Daß man unter „Teilnehmer" den Anstifter und den Gehilfen versteht, sagt uns § 28 I.
Daß man unter „Beteiligten" den Teilnehmer und den Täter versteht, sagt uns § 28 II.
Wir bemerken: § 28 I gilt nur für Teilnehmer, §§ 28 II und 29 gelten für Teilnehmer und Täter.
Was unterscheidet die drei Vorschriften noch?
§ 28 I bezieht sich auf persönliche strafbegründende Merkmale; darunter fallen z. B. die Geschwistereigenschaft in § 173 II 2 oder die Eigenschaft, Amtsträger zu sein, in §§ 331 ff.

Was ein Amtsträger ist, steht in § 11, der wichtige Definitionen enthält.

§ 28 II bezieht sich auf persönliche Strafschärfungs-, Strafmilderungs- und Strafausschließungsgründe. Als Beispiele haben Sie §§ 243, 258 und 173 III kennengelernt. § 28 II durchbricht im Interesse einer gerechten individuellen Bestrafung den Grundsatz der Abhängigkeit einer Tat von der anderen. § 29 regelt Fragen der Schuld. Z. B. kommt die mildere Bestrafung des vermindert zurechnungsfähigen Mittäters, § 21, nur diesem zugute. § 29 ist Ausdruck der **limitierten Akzessorietät**.

Zum Schluß unterstreichen Sie bitte in Ihrem Gesetzestext bei § 28 I „begründen", in § 28 II „schärfen, mildern oder auszuschließen", in § 29 „Schuld". Farbig unterstreichen Sie § 28 I „Teilnehmer", in § 28 II „Beteiligten", in § 29 „Beteiligte". Bei der Überschrift vor § 331 notieren Sie bitte den § 11.

FALL 111: Die Polizei ist seit langem einem „König der Einbrecher" auf der Spur, den sie aus Mangel an Beweisen nicht zu fassen bekommen. Als letztes Mittel setzt man einen sogenannten **Lockspitzel** (agent provocateur) auf ihn an, der ihn durch einen heißen Tip zu einem bestimmten Einbruch anstiftet. Dadurch kann der Profi endlich beim Versuch ertappt werden. Strafbarkeit des Lockspitzels?

Wir lesen wieder § 26: Als Anstifter wird nur bestraft, wessen Vorsatz auf die vollendete, vorsätzliche Begehung der Haupttat durch den Täter gerichtet ist. Das ist bei unserem Agenten nicht der Fall.

Ergebnis: Die bewußte Anstiftung zum bloßen **Versuch** ist straflos, sie wird von § 26 nicht erfaßt. Der Lockspitzel ist kein Anstifter! Anders wäre es natürlich, wenn ein echter Anstifter am Werk ist, und die Tat im Versuchsstadium steckenbleibt.

Vorsicht: Wir dürfen diese Fälle nicht mit der erfolglosen echten Anstiftung (der Angestiftete will nicht) verwechseln. Sie erinnern sich: Der Anstiftungsversuch ist bei Vergehen straflos, bei Verbrechen aber in § 30 I unter Strafe gestellt. Überdenken Sie diese Zusammenhänge noch einmal gründlich, bevor Sie weiterlesen!

FALL 112: Wir erinnern uns noch an Frau A, die ihren Mann überredet, dem Nachbarn (N) eine Ohrfeige zu geben (Fall 106). Wie ist Frau A zu bestrafen, wenn Herr A den N mit dem Messer verletzt, § 224?

Ergebnis: Frau A ist wegen Anstiftung zur einfachen Körperverletzung zu bestrafen, §§ 223, 26, 29. Sie haftet nur soweit ihr Vorsatz reicht, nicht aber für den **Exzeß des Täters**!

FALL 113: Wie vorher. A hat N zwar geschlagen. Er war diesmal aber von sich aus bereits fest zur Tat entschlossen, bevor seine Frau mit ihrer Überredung begann. Ist Frau A zu bestrafen?
Hier konnte sie in A den Entschluß zur Tat nicht mehr hervorrufen, da A bereits fest entschlossen war. Den schon **entschlossenen Täter** nennt man übrigens auch omnimodo facturus – damit's auch jeder versteht!
Das ist bei Vergehen (hier Körperverletzung, § 223) nicht strafbar, §§ 26, 30. Soweit sie ihren Mann in seinem Vorsatz psychisch bestärkt hat, könnte Beihilfe § 27, vorliegen. Das ist Tatfrage.

FALL 114: Wie vorher. Frau A bittet aber jetzt ihren Sohn (S), Vater A zu der Ohrfeige anzustiften. S gelingt es seinerseits, A für die Tat zu begeistern. N bekommt von A die Ohrfeige. Wie hat sich jetzt Frau A strafbar gemacht?
Es liegt eine Anstiftung zur Anstiftung vor. Man nennt das **„Kettenanstiftung“**. Sie ist mittelbare Anstiftung zur Haupttat und wird bestraft wie Anstiftung zur Haupttat.

FALL 115: A wird von B angegriffen. Ein Freund (F) ruft A zu: „Laß Dir das nicht gefallen, wehr Dich!“ A tut es und schlägt zurück. Strafbarkeit von A und F?
A hat in Notwehr, also rechtmäßig gehandelt, § 32. – Wir lesen dann § 26: Danach ist nur strafbar, wer zu einer **rechtswidrigen Tat angestiftet** hat. Da A rechtmäßig gehandelt hat, bleibt auch F straflos.
Nebenbei: Da **Selbstmord** keine rechtswidrige Tat ist – alle Tötungsdelikte meinen sinngemäß Tötung eines **anderen** Menschen – wäre hier Beihilfe oder Anstiftung nach §§ 26, 27 straflos! Wie Sie von den Unterlassungsdelikten her wissen, gilt aber ein Selbstmordversuch als Unglücksfall mit der Folge, daß unterlassene Hilfeleistung nach § 323 c und bei Garantenpflicht sogar nach §§ 211 ff. strafbar ist. Dieser Widerspruch wird u. a. damit begründet, daß es sich z. B. der noch lebende Selbstmörder anders überlegt haben könnte.
In diesem Zusammenhang müssen wir endlich das „Brett des Karneades“ bemühen, ein klassisches Schulbeispiel, das in keinem Lehrbuch fehlen darf.

FALL 116: Bei einem Schiffsunglück klammern sich zwei Nichtschwimmer an ein Brett. Weil es nur einen Menschen tragen kann, stößt der eine den anderen ins Wasser, wo dieser ertrinkt.
Wie Sie schon wissen, handelt der Täter zwar nach § 212 tatbestandsmäßig und rechtswidrig, aber nicht schuldhaft wegen § 35 (entschuldigender Notstand).

FALL 117: Wie vorher, bloß sehen von einem entfernteren Rettungsboot aus andere Schiffbrüchige zu. Einer von ihnen stiftet den Täter durch Zurufe an.
Da hier zu einer rechtswidrigen Tötung angestiftet wurde, wird der Zuschauer normal nach §§ 212, 26 als Anstifter bestraft. Der **Entschuldigungsgrund** kommt ihm nach dem Grundsatz des § 29 – jeder nach **seiner** Schuld – nicht zugute.

FALL 118: Wie vorher, bloß wurde der Täter durch Zuruf seines eigenen Sohnes angestiftet.
Auch hier hilft uns der Gedanke des § 29 weiter:
Obwohl der Sohn zur rechtswidrigen Tötung angestiftet hat, ist seine Anstiftungshandlung nach § 35 wegen der Verwandtschaft entschuldigt, vgl. § 11 I 1 a.

Beihilfe

FALL 119: Theo Täter sagt zu Heinz Helfer: „Leih' mir bitte Deine Pistole, ich will meine Schwiegermutter erschießen." H gibt T die Waffe. T tötet die Schwiegermutter, § 212. Wie hat sich H strafbar gemacht?
Wir lesen § 27 I: Sämtliche dort geschilderten Tatbestandsmerkmale liegen vor, der Vorgang ist ein typischer Fall von **Beihilfe**.
Wie wäre es, wenn T zu H gesagt hätte: „Ich habe da eine alte Pistole im Keller gefunden und will damit die Schwiegermutter erschießen. Könntest Du mir die Handhabung erklären?"
Das Ergebnis wäre das gleiche; Rathilfe gleich Tathilfe! – Der Gehilfe wird milder bestraft als der Täter; wir lesen §§ 27 II, 49 I.

FALL 120: Wie vorher, aber H will T einen Gefallen erweisen und erschießt die Schwiegermutter selbst. Wie ist H zu bestrafen?
Wir lesen § 25 I. H ist hier nicht Gehilfe, sondern Täter, weil er in eigener Person alle subjektiven oder objektiven Tatbestandsmerkmale des § 212 erfüllt hat. H hatte die Tatherrschaft, die

nach der materiell-objektiven Theorie das Haupterkennungsmerkmal des Täters ist. Der Wille, für T zu handeln, ändert daran nichts, selbst wenn H die Tat nur widerwillig begangen hätte.

Beihilfe bedeutet **Unterstützung einer fremden Tat**, ohne selbst die sog. Tatherrschaft zu haben.

Ergebnis: H ist wegen Totschlags zu verurteilen. T allenfalls wegen Anstiftung (Tatfrage).

FALL 121: H leiht T seine Pistole zum Übungsschießen. H weiß, daß T sehr jähzornig und mit seiner ganzen Verwandtschaft verfeindet ist. Er vertraut aber darauf, daß nichts passieren wird. – Kurz darauf hat T eine Auseinandersetzung mit seiner Schwiegermutter und erschießt sie. Was wird der Strafrichter zu H's Verhalten sagen?

§ 27 I liegt aus zwei Gründen nicht vor:

1. Beihilfe ist nur zu einer **bestimmten Tat** möglich; der Gehilfe muß die wesentlichen Merkmale der Haupttat kennen. H hat hier gar nicht gewußt, ob, geschweige denn wen T verletzen oder töten werde.
2. Der Gehilfe muß **vorsätzlich Hilfe** leisten, bedingter Vorsatz reicht allerdings aus. Fahrlässige Beihilfe ist nicht strafbar. H hat hier fahrlässig gehandelt.

Ergebnis: H ist nicht wegen Beihilfe zum Totschlag zu bestrafen; es ist allerdings zu prüfen, ob nicht H durch seine Fahrlässigkeit den Tod verursacht hat, § 222. Ob wir ein Vergehen der fahrlässigen Tötung bejahen, hängt von der Kenntnis weiterer Tatumstände ab.

FALL 122: Wieder will Theo Täter seine Schwiegermama erschießen; Heinz Helfer leiht ihm hierzu seine Pistole. T schießt daneben. T ist wegen versuchten Totschlags nach §§ 212, 22, 23 I strafbar; wie steht es mit H?

Wir denken an den Grundsatz der Akzessorietät und stellen fest: Kommt es nur zum **Versuch der Haupttat**, so ist der Gehilfe wegen Beihilfe zum versuchten Delikt zu bestrafen.

Ergebnis: H ist strafbar wegen Beihilfe zu einem versuchten Totschlag nach §§ 212, 27, 22.

FALL 123: Noch einmal will T die ungeliebte Schwiegermutter in die ewigen Jagdgründe befördern und bittet H um ein wirksames Gift. H gibt T nur ein harmloses Pulver, um ihn loszuwerden. T verwendet das Pulver, aber es passiert nichts.

T hat den Tötungsversuch mit einem untauglichen Mittel begangen, vgl. Fall 81. Er ist wegen versuchten Totschlags zu bestrafen. Hat H ebenfalls gegen ein Strafgesetz verstoßen?
Nein. Zwar ist die Haupttat, wie im vorangegangenen Fall, bis zum Versuch gediehen, aber H hat T hier ein Mittel gegeben, mit dessen Hilfe S nicht vergiftet werden konnte. H hat die Tat nicht unterstützen wollen, er hat die **Vollendung der Haupttat nicht gewollt**. Letzteres ist aber gerade eine Voraussetzung für die Beihilfe. – Parallel bei Anstiftung: Lockspitzel.
Ergebnis: H hat sich nicht strafbar gemacht.

FALL 124: Abermals will T seiner Schwiegermutter ins bessere Jenseits verhelfen. H leiht ihm hierzu sein langes Küchenmesser. T scheut als ordentlicher Schwabe das Blut auf seinem Teppich. Deshalb stößt er das Opfer vom Balkon seiner Wohnung im 10. Stock. Wie beurteilen Sie das Verhalten des H?
In den beiden vorangegangenen Fällen haben wir das Problem der Beihilfe zum Versuch behandelt. Hier ist versuchte Beihilfe zur vollendeten Tat gegeben. H wollte die Tat unterstützen. Da T das Messer nicht benützte, hat H die Beihilfe nur versucht.
Während versuchte Anstiftung zum Verbrechen in § 30 I 1 unter Strafe gestellt ist, suchen wir für die Beihilfe eine ähnliche Vorschrift vergebens. **Versuchte Beihilfe** ist straflos, da ohne ausdrückliche gesetzliche Regelung niemand bestraft werden kann, § 1.
Ergebnis: H hat sich nicht strafbar gemacht.

FALL 125: Ein besonders rüder Rocker (R) hat ein Verhältnis mit einem Mädchen (M), was die 70jährige Großmutter des Rockerzahns naturgemäß nicht gerne sieht. Die dauernde Opposition wurmt den R, und er läßt sich von der Freundin Omas Hausschlüssel besorgen, um ihr eine handgreifliche „Lektion zu erteilen". R dringt in ihr Haus ein und schlägt sie so schwer mit Fäusten, daß sie nach einigen Tagen an den Verletzungen stirbt.
R wollte nur verletzen, § 223, hat aber getötet, § 227. Körperverletzung mit Todesfolge nach § 227 liegt vor, wenn R den Tod fahrlässig herbeigeführt hat, § 18. Daß die gebrechliche Frau an den brutalen Hieben eventuell sterben könnte, war vorauszusehen. Wir bejahen daher Fahrlässigkeit und verurteilen R nach §§ 223, 227.
M wußte, daß R die Großmutter zusammenschlagen wollte, § 223. Sie hat die Tat durch Verschaffen des Hausschlüssels unterstützt, § 27. Ob ihr die Todesfolge zugerechnet werden

kann, hängt davon ab, ob ihr insoweit Fahrlässigkeit zur Last gelegt werden kann; **§ 18 gilt auch für den Teilnehmer**. Nach dem Sachverhalt kannte sie R als unbeherrschten, rücksichtslosen Menschen. Die schwere Folge der Tat war für sie demnach voraussehbar.
Ergebnis: R ist strafbar wegen Körperverletzung mit Todesfolge nach § 227; M ist strafbar wegen Beihilfe nach §§ 227, 27.
Wir bemerken: Fahrlässige Tötung, § 222, wird von § 227 verdrängt. Es besteht Gesetzeskonkurrenz in Form der Spezialität.

FALL 126: Ede läßt im Kaufhaus einen Rasierapparat in der Manteltasche verschwinden. Seine Freundin (F) ist ihm dabei behilflich. Wie hat sie sich strafbar gemacht, wenn sie entweder

a) sich während der Wegnahme so vor Ede stellt, daß der Verkäufer nichts bemerkt oder
b) einem Verfolger ein Bein stellt oder
c) später für Ede den Apparat einige Zeit aufbewahrt, damit er bei einer Haussuchung in Edes Zimmer nicht gefunden werde?

zu a) Beihilfe zum Diebstahl, §§ 242, 27,

zu b) wie a). Zwar war die Tat mit der Wegnahme strafrechtlich vollendet - es war kein Versuch mehr, der Gewahrsam am Rasierer war gebrochen und neuer Gewahrsam begründet. Tatsächlich beendet ist die Tat aber erst, wenn Ede die Beute in Sicherheit gebracht hat. F's Unterstützung erfolgte hier zwar nach **Vollendung**, aber noch vor **Beendigung** der Tat: es liegt Beihilfe vor, wenn F den Willen zur Förderung der Haupttat hat; will F Ede die Vorteile der Tat sichern, greift § 257 ein.

zu c) Da die Tat hier abgeschlossen, also beendet war, ist Beihilfe nicht mehr möglich. Wir lesen § 257. F ist nach dieser Bestimmung strafbar wegen Begünstigung.

FALL 127: Ein Freund hilft dem Täter bei der Reparatur der Pistole, mit der er später das Opfer erschießen wird. X ist hierüber informiert und leiht dem Freund für seine Arbeit eine Feile.
Strafbarkeit des X?
Der technisch begabte Freund ist Gehilfe des Täters.
X ist Gehilfe des Freundes. **Beihilfe zur Beihilfe** ist als unmittelbare Beihilfe zur Tat anzusehen.
Ergebnis: X ist wegen Beihilfe zum Totschlag nach §§ 212, 27 zu bestrafen.

Bei dieser Gelegenheit merken wir uns noch:

Beihilfe zur Anstiftung = Beihilfe zur Haupttat

Anstiftung zur Beihilfe = Beihilfe zur Haupttat.

Wer **Anstifter und Gehilfe zugleich** ist, wird nur wegen Anstiftung bestraft, da die schwerere Teilnahmeform die leichtere konsumiert.

Leitsatz 19:

(Anstiftung und Beihilfe)

1. Anstifter und Gehilfe unterscheiden sich vom Täter durch die mangelnde Tatherrschaft bei Ausführung der Tat.
2. Anstiftung setzt voraus, daß der Tatentschluß durch die Anstiftung bewirkt ist (Problem des omnimodo facturus).
3. Für beide Teilnahmeformen, Anstiftung und Beihilfe, gilt:
   a) Sie müssen sich auf eine bestimmte, konkrete Tat beziehen.
   b) Der Teilnehmer muß selbst vorsätzlich handeln und wollen, daß der andere eine vorsätzliche, rechtswidrige Tat vollendet.
   c) Anstiftung und Beihilfe zum versuchten Delikt sind strafbar; versuchte (erfolglose) Beihilfe ist nicht strafbar, versuchte Anstiftung ist nur bei Verbrechen strafbar.
   d) Für den Exzeß des Haupttäters wird nicht gehaftet.
   e) Die Bestrafung des Teilnehmers richtet sich nach der Bestrafung des Haupttäters (Akzessorietät).

   Die Akzessorietät ist begrenzt, „limitiert"; s. § 29: „jeder nach seiner Schuld".

   Im Interesse einer gerechten, individuellen Bestrafung ist der Grundsatz der Akzessorietät aber durchbrochen: § 28 II.

Übersicht 20:

(Stadien der Straftat)

	typische Merkmale	rechtliche Beurteilung
Vorbereitungshandlung	Rechtsgut noch nicht durch Ansetzen zur Tatverwirklichung gefährdet	grundsätzlich straflos
nicht beendeter Versuch	Täter hat noch nicht alles getan, was nach seiner Meinung zur Vollendung nötig	soweit Versuch überhaupt strafbar, Straflosigkeit bei freiwilliger Aufgabe der Tat
beendeter Versuch	Täter hat alles getan, was nach seiner Meinung zur Vollendung nötig	soweit Versuch überhaupt strafbar, Straflosigkeit bei aktiver Erfolgsabwendung (tätige Reue)
vollendete Straftat	Tatbestand erfüllt; kein Versuch mehr!	Beihilfe noch möglich
beendete Straftat	Tat vollkommen abgeschlossen (Beispiel = Dieb hat den Machtbereich des Gewahrsamsträgers verlassen)	Beihilfe nicht mehr möglich

Übersicht 21:

(Täter und Teilnehmer)

- Beteiligter
  - Täter
    - Alleintäter
      - unmittelbarer Alleintäter
      - mittelbarer Alleintäter
      - Nebentäter
    - Mittäter
  - Teilnehmer
    - Anstifter
    - Gehilfe

III. Einzelne Delikte und ihre Konkurrenz

13. Lektion: Konkurrenzen

An sich ist nur der Allgemeine Teil des StGB Gegenstand des Kleinen Strafrechtsscheines. Da aber manche Universitäten dazu übergehen, einen einheitlichen Strafrechtsschein an die Stelle des Großen und Kleinen Scheines zu setzen, und weil man auch den Allgemeinen Teil des StGB nicht ohne Grundkenntnisse des Besonderen verstehen kann, erscheint es sinnvoll, gleich das **Gesamt**system des StGB darzustellen.

Natürliche Handlungseinheit

FALL 128: Der Einbrecher Ede steigt durch das offene Toilettenfenster in eine einsame Villa ein, deren Bewohner gerade im Urlaub sind. Im Schweiße seines Angesichts räumt er während der Nacht alles aus, was er irgendwie brauchen kann, und hat schließlich 137 einzelne Gegenstände in seinem Kombiwagen, als er nach getaner Arbeit nach Hause fährt. Frage: 1 Diebstahl oder 137 Diebstähle? Was erscheint Ihnen vernünftiger?
Nach der herrschenden Lehre von der **„natürlichen Handlungseinheit“** liegt nur ein Diebstahl vor, wenn wir die folgenden vier Fragen mit ja beantworten können:

1. Einheitlicher Willensentschluß? Ja („Ich räume die Villa aus“).
2. Enger räumlicher Zusammenhang? Ja (dieselbe Villa).
3. Enger zeitlicher Zusammenhang? Ja (alles in einer Nachtschicht).
4. Erscheint Edes Nachtarbeit für einen Dritten (fiktiver Zuschauer) bei natürlicher Betrachtungsweise bzw. „für die natürliche Lebensauffassung“ (also nach gesundem Menschenverstand) als „einheitliches zusammengefaßtes Tun“, also als eine Handlung? Ja. Es wäre spitzfindig und unpraktikabel, hier von 137 Diebstählen zu sprechen.

Ergebnis: Ede ist nach §§ 242, 243 I 1 strafbar.
Anmerkung: Ähnlich wäre zu urteilen, wenn das Messer des Mörders beim Zustechen abbricht und er das Opfer dann erwürgt (Wechsel in der Ausführungsart) oder wenn sich ein Ein-

brecher wegen vorbeikommender Passanten vorübergehend zurückzieht, aber nach einer Viertelstunde wieder weitermacht: Jeweils natürliche Handlungseinheit!

Die fortgesetzte Handlung

FALL 129: Stefan Stehler, Facharbeiter bei Daimler-Benz, will seinen Partykeller mit 50 Mercedes-Sternen ausschmücken, aber zum Null-Tarif. Alles auf einmal mitzunehmen, erscheint ihm zu gefährlich. Er steckt daher an jedem Arbeitstag ein Wahrzeichen seiner Firma ein. Der Plan gelingt. Wie hat sich Stehler strafbar gemacht?
Wir müssen entscheiden, ob ein Diebstahl oder 50 Diebstähle vorliegen. Das Gesetz läßt uns im Stich. – Wir erkennen aber gewisse Ähnlichkeiten mit der „natürlichen Handlungseinheit"; dort wie hier bildet das Vorgehen des Täters eine Einheit, nur daß jetzt die ganze Aktion zeitlich auseinandergezogen ist.
Tatsächlich hat die Rechtsprechung eine einzige Straftat dann angenommen, wenn jemand auf Grund eines vorher gefaßten Entschlusses einen strafbaren Erfolg durch mehrere Einzelhandlungen sukzessive, stückweise nacheinander verwirklicht.
Der Tatplan muß zu Beginn bereits nach Ort, Zeit, Tatobjekt und Begehungsart **im wesentlichen feststehen**.
Dadurch erspart sich der Richter die oft mühsame Anwendung des § 53.
Ergebnis: Stehler ist strafbar wegen eines fortgesetzten Vergehens des Diebstahls.
Merke: Der zu Beginn der fortgesetzen Handlung gefaßte Tatentschluß heißt **Gesamtvorsatz**. Keine fortgesetzte Handlung liegt vor beim sogenannten **Fortsetzungsvorsatz** (a. A. ein Teil der Lehre), den der Täter dann hat, wenn er sich von Mal zu Mal neu entschließt, mit anderen Worten: Wer immer von neuem schwach wird, begeht lauter einzelne Straftaten. – Ähnlich ist zu urteilen, wenn sich ein Täter nur allgemein entschließt, regelmäßig bei passender Gelegenheit Ladendiebstähle zu begehen.
Aber: Diese Rechtsprechung hat der Bundesgerichtshof inzwischen rigoros eingeschränkt. Dazu folgender

FALL 130: Ein Arzt verfälscht seine vierteljährlichen Abrechnungen gegenüber den Krankenkassen regelmäßig dadurch, daß er Kosten geltend macht, die bei ihm in Wirklichkeit nicht angefallen sind. Seine Absicht ist es, diese Praxis so lange wie möglich fortzusetzen. Nach 5 Jahren fliegt die Sache auf; der

Schaden liegt über einer Million Mark. Ist jede Quartalsabrechnung ein eigener Betrugsfall (§ 263)?

Ja! Genau bei diesem Fall nämlich hat der Bundesgerichtshof am 3. Mai 1994* eine jahrzehntealte Rechtsprechung über Bord geworfen, für Tatmehrheit plädiert und festgestellt, daß eine fortgesetzte Handlung in Zukunft nur noch dann anzunehmen ist, wenn es „zur sachgerechten Erfassung des verwirklichten Unrechts und der Schuld unumgänglich ist". Der Fortsetzungszusammenhang wird damit zur seltenen Ausnahme.

Für den Studenten bedeutet das: Er muß den Begriff der fortgesetzten Handlung nach wie vor kennen und bei Zweifelsfällen in der Klausur auch erörtern. Das Ergebnis dieser Erörterung wird aber regelmäßig sein, daß er sich für Tatmehrheit oder gegebenenfalls natürliche Handlungseinheit (vgl. Fall 128) entscheidet. Es wäre sogar korrekt, bei dem klassischen Lehrbuchfall Nr. 129 fünfzig Diebstähle „im Hinblick auf die strengen Vorgaben des BGH" anzunehmen. Das Wichtigste ist, wie immer, daß das Problem erkannt und die Entscheidung begründet wird.

Leitsatz 22:

(Fortgesetzte Handlung)

Eine fortgesetzte Handlung gilt als eine einzige Straftat und setzt voraus:

1. mehrere, mindestens zwei Teilakte;
2. räumlichen und zeitlichen Zusammenhang zwischen den Einzelakten;
3. Gesamtvorsatz: Tatplanung in ihren wesentlichen Grundzügen nach Ort, Zeit, Ausführungsart, Rechtsgut und Rechtsträger vor der Tat.
4. Da die neue Rechtsprechung eine fortgesetzte Handlung nur noch in seltenen Ausnahmefällen annimmt, ist es in der Klausur praktisch nie falsch, sich für Tatmehrheit zu entscheiden.

*) abgedruckt in BGHSt 40, 138 ff.: unbedingt lesen; dazu auch noch den Aufsatz von Geppert (in NStZ 1996, S. 57 ff.) durcharbeiten.

Realkonkurrenz und Idealkonkurrenz

FALL 131: Ein Hippie stiehlt eine Jacke aus einem Textilgeschäft. Als ihn beim Gehen der Inhaber fragt, ob er schon gezahlt habe, quittiert er die kleinbürgerliche Frage nur mit „Du A...loch!“ und schwingt sich auf sein Fahrrad.
Das Blumenkind ist auf jeden Fall strafbar wegen Diebstahls, § 242, und auch wegen Beleidigung, § 185 (Antragsdelikt). Beide Straftaten stehen ganz selbständig nebeneinander. Es fehlt am einheitlichen Willensentschluß und am „einheitlichen Tun“.
Wie geht es in der Klausurarbeit weiter? Einfaches Aufzählen genügt nicht, wie sich aus §§ 53 I und 54 I und II ergibt.
Diese Regelung ist von großer praktischer Bedeutung: Hat jemand mehrere selbständige Straftaten begangen, so spricht man von Tatmehrheit; auch der Ausdruck „**Realkonkurrenz**“ hat sich dafür eingebürgert. Für jede Tat wird zwar eine einzelne Strafe gebildet, diese Einzelstrafen werden aber nicht einfach addiert, sondern es wird eine Gesamtstrafe gebildet, die höher sein muß als die höchste Einzelstrafe, aber niedriger als die Gesamtsumme der Einzelstrafen.
Ergebnis: Bei unserem Fall müßten Sie in der Klausur etwa schreiben: Der Täter hat sich wegen eines Vergehens des Diebstahls in Tatmehrheit mit einem Vergehen der Beleidigung strafbar gemacht, §§ 242, 185, 53.
Das genügt, ist aber auch unbedingt nötig!

FALL 132: Herr Giftig ist mit seinem Nachbarn (N) verfeindet. Als er ihm allein begegnet, spuckt er ihm ins Gesicht, N stellt Strafantrag wegen Beleidigung und Körperverletzung.
Das Anspucken ist ein Angriff auf die Ehre des N, dem Giftig damit seine Mißachtung kundtun wollte; **Beleidigung** liegt also vor, § 185. Jetzt lesen wir § 223, wonach u. a. eine „körperliche Mißhandlung“ **Körperverletzung** darstellt. Darunter versteht man nicht nur die Beeinträchtigung der körperlichen Unversehrtheit (z. B. durch einen Messerstich), sondern auch die Beeinträchtigung des körperlichen Wohlbefindens, z. B. hier das Gefühl des Ekels wegen des Angespucktwerdens. Das Anspucken stellt daher ein Vergehen der Körperverletzung dar, § 223. Nachdem N Strafantrag gestellt hat (§§ 230 I, 194 I 1, 77 I), muß Giftig wegen Beleidigung und Körperverletzung bestraft werden. In welchem Verhältnis aber stehen diese beiden Straftaten? – Lesen Sie § 52 I und II! –
Giftig hat durch eine Handlung mehrere Strafgesetze verletzt (§§ 185 und 223). Man spricht von ungleichartiger **Idealkonkur-**

renz oder Tateinheit (nicht zu verwechseln mit der natürlichen Handlungseinheit des vorigen Abschnitts!)
In der Klausur stellen wir fest: Giftig ist wegen Beleidigung in Tateinheit mit Körperverletzung nach §§ 185, 223, 52 StGB strafbar.

FALL 133: Ein Autofahrer (A) kommt wegen überhöhter Geschwindigkeit ins Schleudern, fährt in eine Menschengruppe und tötet drei Fußgänger.
A hat **durch eine Handlung dasselbe Strafgesetz** (§ 222) **mehrmals** (hier 3mal) verletzt, § 52 I. Man spricht von gleichartiger Idealkonkurrenz. Auch hier liegt Tateinheit vor und wir stellen als Ergebnis fest:
A hat sich dreier tateinheitlich zusammentreffender Vergehen der fahrlässigen Tötung schuldig gemacht, §§ 222, 52 StGB.

Gesetzeskonkurrenz

FALL 134: A verletzt B durch einen Messerstich.
A hat B vorsätzlich (§ 15) körperlich mißhandelt (§ 223 I). A hat die Körperverletzung mit einem Messer begangen, also liegt auch § 224, **gefährliche Körperverletzung**, vor. In welchem Verhältnis stehen nun §§ 223 und 224.
Wir sprechen von einem Fall der Gesetzeskonkurrenz in Form der Spezialität.
Gesetzeskonkurrenz ist im Gesetz nicht geregelt und liegt allgemein dann vor, wenn eine oder mehrere Taten unter mehrere Strafvorschriften fallen, von denen die eine die andere ausschließt, d. h. eine Vorschrift „fällt ganz unter den Tisch" und erscheint im Hinblick auf die Strafbarkeit nicht mehr. **Spezialität**, ein Unterfall der Gesetzeskonkurrenz, ist gegeben, wenn eine Vorschrift denknotwendig alle Merkmale der anderen enthält. Hier enthält § 224 zwingend und selbstverständlich alle Merkmale von § 223. Anders ausgedrückt: Bei § 224 kommt zu den Merkmalen des § 223 noch das Messer dazu, also § 223 + Messer = § 224. Das speziellere Gesetz geht dem allgemeineren Gesetz des § 223 vor.
Ergebnis: A wird nur nach § 224 verurteilt. Obwohl die Strafe nur aus § 224 entnommen wird, welcher allein vorliegt, hat es sich eingebürgert, zusätzlich § 223 zu zitieren: „A ist nach §§ 223, 224 strafbar."
Wie § 224 als spezielleres Gesetz den § 223 verdrängt, so verdrängt z. B. § 249 (Raub) den § 242 (Diebstahl) und § 240 (Nötigung).

§ 177 (sexuelle Nötigung) die Vorschrift des § 240 (Nötigung).

Fußnote: Ist das speziellere Delikt der schwerere Fall (z. B. §§ 223/224), so spricht man von **Qualifikation**, ist es der leichtere Fall (z. B. § 212/216) dann ist von **Privilegierung** die Rede.

FALL 135: Nach ausgiebigem Genuß von Steinhäger und Pilsner fährt der Autofahrer Schluck mit zwei Promille von einer Skatrunde nach Hause. Er übersieht eine Fußgängerampel und verfehlt einen Passanten nur um Zentimeter.

Wir prüfen erst § 316, den Schluck durch seine Stein-Pils-Kur erfüllt hat. Dann lesen wir § 315 c. Wenn Sie viel Geduld haben, entdecken Sie hinter § 315 c Absatz I, Ziffer 2 g, schließlich, wie es weitergeht: „... und dadurch Leib oder Leben eines anderen gefährdet ...". Genau letzteres hat Schluck getan: Er hat ein Menschenleben gefährdet.

Also liegt § 315 c vor, genauer gesagt § 315 c I, Ziff. 1 a und 2 c. Aber auch § 316 ist gegeben. In welchem Verhältnis stehen diese Vorschriften?

Hier spricht man auch von Gesetzeskonkurrenz, diesmal in Form der **Subsidiarität**. D. h. eine Strafvorschrift, hier § 316, ist nur subsidiär (= hilfsweise) dort anzuwenden, wo nicht schon eine andere, hier § 315 c, gilt. Anders herum: § 316 tritt zurück bzw. ist nicht mehr einschlägig, wenn § 315 c vorliegt. § 316 wird im Endergebnis gar nicht mehr genannt!

Ergebnis: Schluck hat sich eines Vergehens der Gefährdung des Straßenverkehrs nach § 315 c, I, Ziff 1 a, 2 c schuldig gemacht.

Uns fällt auf: Der hilfsweise (= subsidiäre) Charakter des § 316 kommt bereits im Text (§ 316 I, letzter Halbsatz) zum Ausdruck: Auf §§ 315 a, 315 c wird ausdrücklich hingewiesen.

Dies kann im Fall der Subsidiarität so sein, muß aber nicht sein. Manchmal heißt es nur „wenn die Tat nicht in anderen Vorschriften mit schwererer Strafe bedroht ist". Wir lesen § 265 a I.

Schließlich unterstreichen wir noch in § 315 c I die Wörter „... und dadurch ... gefährdet".

Im folgenden Fall wollen wir unsere Standard-Paragraphen 242, 243 etwas genauer unter die Lupe nehmen.

FALL 136: Einbrecher Ede zerschlägt das Toilettenfenster einer Villa, steigt so in das Gebäude ein und erbeutet eine größere Menge Schmuck. Welche Straftatbestände kommen in Frage?

§ 242 (Diebstahl), weil Ede gestohlen hat.

§ 243 I 1 (besonders schwerer Fall des Diebstahls), weil er eingebrochen und eingestiegen ist,
§ 303 (Sachbeschädigung) weil er die Scheibe des Toilettenfensters zerbrochen hat,
§ 123 (Hausfriedensbruch), weil er unberechtigt in das fremde Haus eingedrungen ist.
Das Verhältnis von § 242 zu § 243 haben wir oben schon behandelt (§ 243 enthält „Regelbeispiele" besonders schwerer Diebstähle des § 242).
Frage: In welchem Verhältnis stehen nun Sachbeschädigung und Hausfriedensbruch zu §§ 242, 243 I 1?
Beim schweren Diebstahl ist oft, aber nicht immer, eine Sachbeschädigung im Spiel. Das Toilettenfenster hätte offen sein können; dann liegt kein Einbruch, sondern nur ein Einsteigen vor: Das Eindringen in einen Raum auf einem hierfür nicht vorgesehenen Weg.
Ähnlich liegen die Dinge bei § 123.
Man spricht beim Verhältnis von §§ 242, 243 einerseits zu §§ 123 bzw. 303 andererseits von Gesetzeskonkurrenz in Form der **Konsumtion**: Sie liegt dann vor, wenn bei Begehung einer Hauptstraftat regelmäßig, aber nicht denknotwendig immer, gleichzeitig eine andere Strafvorschrift mitverletzt wird, ohne daß die mitverletzte Vorschrift als **Grundtatbestand** angesehen werden kann. Der **Unterschied zur Spezialität** besteht auch darin, daß dort das eine Gesetz (z. B. § 223) **immer** verletzt wird, wenn das andere (z. B. § 224) vorliegt.
In unserem Fall liegen §§ 123, 303 zwar vor, werden aber von §§ 242, 243 I 1 verdrängt, da Gesetzeskonkurrenz in Form der Konsumtion vorliegt.
Ergebnis: Ede hat sich eines Vergehens des Diebstahls im besonders schweren Fall nach §§ 242, 243 I 1 schuldig gemacht.
Konsumtion liegt auch vor bei § 177 (Vergewaltigung) im Verhältnis zu § 185 (Beleidigung). In dem erzwungenen außerehelichen Beischlaf liegt regelmäßig, aber nicht immer, ein Angriff auf die Ehre des Opfers.

Leitsatz 23:

(Tateinheit und Tatmehrheit)

1. Mehrere Handlungen
Begeht der Täter durch mehrere Handlungen mehrere selbständige Straftaten, so liegt **Realkonkurrenz** (Tatmehrheit) vor, vgl. § 53; es sei denn, es ist Gesetzeskonkurrenz gegeben (s. Fälle 137 f. und unten 4 b).

2. Natürliche Handlungseinheit

a) Bei natürlicher Handlungseinheit wird nur wegen einer Straftat bestraft.

b) Natürliche Handlungseinheit liegt vor, wenn der Täter auf Grund einheitlichen Willensentschlusses in engem zeitlichem und räumlichem Zusammenhang so handelt, daß seine Aktivität für einen Dritten bei natürlicher Betrachtungsweise als eine einheitliche Handlung erscheint.

3. Fortgesetzte Handlung s. Leitsatz 22

4. Rechtliche Beurteilung einer einzigen Handlung

a) Wird durch eine einzige Handlung entweder das gleiche Strafgesetz mehrmals (3 Tote durch eine Handlung) oder mehrere Strafgesetze auf einmal (Anspucken = Beleidigung und Körperverletzung) verletzt, so sprechen wir von gleichartiger bzw. ungleichartiger **Idealkonkurrenz** (Tateinheit), § 52 I.

b) Wenn eine Handlung dagegen verschiedene Straftatbestände erfüllt, von denen einer den (oder die) anderen ausschließt bzw. verdrängt, so daß er im Schuldspruch nicht mehr auftaucht, dann liegt **Gesetzeskonkurrenz** (Gesetzeseinheit) vor. Sie ist im Gesetz nicht geregelt und erscheint in 3 Formen:

- Spezialität:
  die speziellere Vorschrift umfaßt **notwendigerweise** alle Tatbestandsmerkmale eines anderen Grunddelikts und noch ein oder mehrere Tatbestandsmerkmale dazu, z. B. § 223 + Messer = § 224.
- Subsidiarität:
  Eine Vorschrift ist nur dann hilfsweise (= subsidiär) anzuwenden, wenn nicht schon ein anderes Gesetz zutrifft, z. B. § 316 nur dann, wenn nicht schon § 315 c gegeben ist.
- Konsumtion:
  Bei Begehung der (verdrängten) Hauptstraftat wird regelmäßig, aber nicht immer, ein Nebendelikt miterfüllt.

Die mitbestrafte (straflose) Vor- bzw. Nachtat

FALL 137: Zwei Wilderer wollen sich an einem Jäger rächen, weil er sie angezeigt hat. Sie verabreden, ihn am nächsten Tag aus dem Hinterhalt zu erschießen. Wie sind sie zu bestrafen, wenn die Tat planmäßig ausgeführt wird?
Sie haben gemeinschaftlich heimtückisch einen Menschen getötet. Wir lesen §§ 211, 15 II. Die beiden Wilderer haben sich somit eines in Mittäterschaft begangenen Mordes schuldig gemacht. – Am Tag vorher haben die beiden den Plan zur Tat ausgeheckt und seine Durchführung besprochen. Ist dieses Verhalten strafrechtlich belanglos?
Nein, wir lesen § 30. Die beiden haben alle Tatbestandsmerkmale einer „Verabredung zum Verbrechen" erfüllt. §§ 30 II, 211, 12 I. Müssen die Täter nun wegen beider Handlungen verurteilt werden? Ist nicht die Verabredung gleichsam das notwendige Durchgangsstadium zur gemeinschaftlichen Haupttat?
Antwort: Die Verabredung, den gemeinschaftlichen Mord zu begehen, § 30 II, stellt im Verhältnis zur folgenden Haupttat eine sog. **straflose (besser: mitbestrafte) Vortat** dar. Die Vortat scheidet bei der Bestrafung aus; sie wird im Schuldspruch nicht erwähnt. Die Wilderer werden wegen Verabredung des Mordes nicht bestraft.
Ein weiterer Fall der straflosen Vortat wäre der Versuch, der auch immer in der vollendeten Tat aufgeht. Die mitbestrafte Vortat ist eine selbständige Handlung, die das notwendige oder regelmäßige Mittel zur Begehung der Haupttat darstellt. Ihr Unrechtsgehalt wird durch die Haupttat abgegolten. Man nimmt Gesetzeskonkurrenz in Form der **Subsidiarität** an.
Zur Beachtung: In einer Arbeit sind die Durchgangsstadien nicht noch zusätzlich zu prüfen; es ist sofort mit dem Stadium zu beginnen, das am Ende vorliegt.

FALL 138: Ein Student (S) entwendet aus der Universitätsbibliothek ein wertvolles Buch. Sein Freund (F), der den Sachverhalt kennt, will das Buch haben. S verkauft es ihm für 100,– DM. Wie hat sich S strafbar gemacht?
Zunächst hat S das Buch gestohlen. Wir bejahen Diebstahl, § 242. Dann lesen wir § 246, Unterschlagung. S hatte nach dem Diebstahl das fremde Buch in Gewahrsam. Als er es verkaufte, hat er darüber wie ein Eigentümer verfügt, sich die Stellung eines Eigentümers angemaßt. Die Übereignung des Buches an F ist ein Fall der „rechtswidrigen Zueignung"; S hat den Tatbestand des § 246 erfüllt. Wird er nun auch noch wegen eines Vergehens durch Unterschlagung bestraft?

Nein, die Unterschlagung ist hier **straflose Nachtat** zum Diebstahl. S hat kein neues Rechtsgut verletzt, keinen neuen Schaden angerichtet. Er hat nur die Position, die er durch den Diebstahl erlangte, ausgewertet. Die Unterschlagung wird vom Diebstahl **konsumiert**. Die Rechtsprechung. verneint in der vorliegenden Fallkonstellation den Tatbestand des § 246, weil eine Sache, die bereits einmal durch den Täter auf strafbare Weise erworben worden ist, nicht ein zweites Mal durch denselben Täter zugeeignet werden könne.
Ergebnis: S wird nur wegen eines Diebstahls verurteilt.
Die mitbestrafte Nachtat ist meist eine Sicherungs- oder Verwertungshandlung. Weitere Beispiele: Verbrennen des gestohlenen Postsackes oder Schlachten und Essen des entwendeten Schweines.

FALL 139: Wie vorher, bloß hält der Käufer des Buches den S für den wirklichen Eigentümer. Strafbarkeit des S?
§ 242 und § 246 bejahen wir wieder; auch hier ist die Unterschlagung mitbestrafte Nachtat. Hat sich S durch Verkauf und Übereignung des Buches an F vielleicht noch unter einem anderen Gesichtspunkt strafbar gemacht?
Wir lesen § 263, Betrug. Der diebische Student hat das Geld vom Käufer deswegen erhalten, weil er ihn über die Herkunft des Buches täuschte. Da das Kaufobjekt gestohlen war, konnte der Käufer das Eigentum daran nicht erwerben. Wir lesen §§ 929, 935, 932 BGB. Trotz Bezahlung der 100,– DM ist das Eigentum nicht übergegangen. S hat also den Käufer betrogen.
Ist der Betrug auch eine mitbestrafte Nachtat des Diebstahls?
Nein, der Unrechtsgehalt des Diebstahls konsumiert hier die zweite Rechtsverletzung nicht. S hat ein **neues Rechtsgut**, das Vermögen des Käufers, **verletzt**.
Ergebnis: S ist schuldig eines Diebstahls in Tatmehrheit mit einem Betrug, §§ 242, 263, 53 I.

Leitsatz 24:

(Vortat und Nachtat)

1. Die mitbestrafte Vor- und Nachtat stellen selbständige Handlungen dar, die nicht eigens bestraft werden, da ihr Unrechtsgehalt durch die Bestrafung der Haupttat abgegolten wird.
2. Die straflose Vortat ist Durchgangsstadium zur Haupttat. Mit der straflosen Nachtat verwertet oder sichert der Täter die Vorteile der Haupttat, ohne daß ein weiteres Rechtsgut verletzt wird.

3. Im Verhältnis zur Haupttat liegt Gesetzeskonkurrenz vor, und zwar in Form der
   a) Subsidiarität bei der Vortat und
   b) Konsumtion bei der Nachtat.

Übersicht 25:

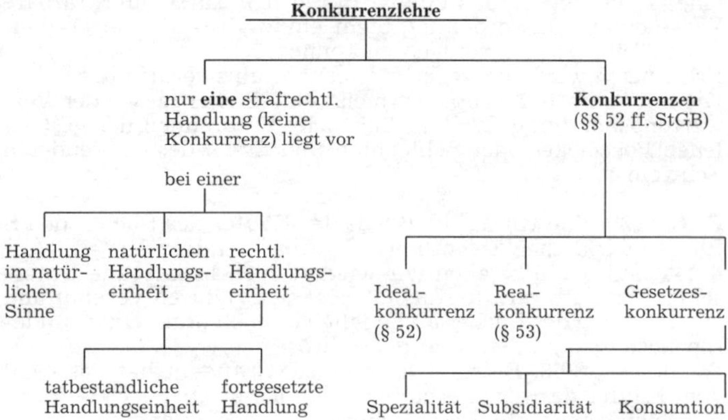

14. Lektion: Tötung und Körperverletzung

Tötung

FALL 140: Um sich seiner Geliebten besser widmen zu können, erschießt ein Ehemann seine Frau.
Wir begnügen uns nicht mit der Prüfung von § 212, sondern stoßen auf § 211. – Sie sollten diese wichtige Vorschrift gründlich studieren und hier erst weiterlesen, wenn Sie sich zu jedem Fall des § 211 II eine Definition und ein Beispiel selbst überlegt und notiert haben. In dem soeben geschilderten Fall liegt es nahe, zu prüfen, ob der Mann aus **„niedrigen Beweggründen“** gehandelt hat.
Man versteht darunter ein Tötungsmotiv, das nach allgemeiner sittlicher Anschauung verachtenswert ist und auf tiefster Stufe steht. Stichwort: „niederträchtig“. In unserem Fall hat der Bundesgerichtshof einen niedrigen Beweggrund bejaht, also Mord, § 211.

FALL 141: Während B schläft, zieht ihm A mit der Axt den Scheitel etwas nach. B überlebt nicht. Welches Mordmerkmal gemäß § 211 II könnte vorliegen? Am ehesten Heimtücke.

Heimtückisch handelt, wer die Arg- und Wehrlosigkeit des Opfers zur Zeit der Tat ausnützt. Außer bei Giftmord bejahen wir Heimtücke vor allem bei Ermordung schlafender, bewußtloser (a. A. die Rspr.) oder sonstiger hilfloser Opfer. A ist also wegen Mordes strafbar.

FRAGE 142: Wie würden Sie das Mordmerkmal „mit gemeingefährlichen Mitteln" definieren?

Gemeingefährlich ist ein Mittel im Sinne des § 211, wenn der Täter die Wirkung der von ihm entfesselten Kräfte nicht mehr bestimmen und abgrenzen kann. Faustregel: Den Umfang der Gefährdung nicht mehr in der Hand haben. Beispiele: Sprengstoff, Brandstiftung, Überschwemmung, aber auch Maschinenpistole, wenn der Täter damit schlecht umgehen und ihre Wirkung nicht kontrollieren kann.

FRAGE 143: Wie unterscheidet sich der heimtückische, grausame oder gemeingefährliche Mord von den übrigen Begehungsformen des Mordes? Bitte in aller Ruhe überlegen; wir haben wieder eine Art von Intelligenztest vor uns.

Wenn Sie Ihr Fernsehgerät einschalten und gerade eine Mordszene läuft, könnten Sie bei der erstgenannten Gruppe gleich erkennen, daß ein Mord vorliegt; denn Sie sehen ja, wie der Täter z. B. einen Schlafenden heimtückisch tötet, das Opfer grausam foltert oder mit gemeingefährlichem Sprengstoff hantiert. Alle weiteren Mordmerkmale wie Habgier oder Verdeckung anderer Straftaten können Sie nur beurteilen, wenn Sie den ganzen Film gesehen haben und die Motive des Täters kennen.

Heimtücke, Grausamkeit, gemeingefährliche Mittel sind also **objektive bzw. tatbezogene Merkmale**, während alle anderen **subjektiv bzw. täterbezogen sind.** Bitte merken Sie sich diese Unterscheidung, wir werden sie bald brauchen können. Die Worte heimtückisch, grausam bzw. gemeingefährlich unterstreichen wir im Gesetzestext und notieren daneben: „tatbezogen, § 28 nicht anwendbar".

FALL 144: Theo Täter leiht sich bei Heinz Helfer ein Stilett, um seine Schwiegermutter zu beseitigen. T inszeniert einen Ritualmord, um sich an den Schmerzen des Opfers zu weiden. H wußte nichts von der sadistischen Veranlagung des T. Wegen

der grausamen Begehungsweise wird T nach § 211 bestraft. Wie steht es mit H?
Bei den tatbezogenen Mordmerkmalen gilt nach einhelliger Meinung der Grundsatz der **Akzessorietät**, der Abhängigkeit der Teilnahme von der Haupttat: Der Teilnehmer wird nach demselben Gesetz bestraft wie der Täter.
In unserem Fall umfaßte der Vorsatz des H jedoch nicht das grausame Vergehen des T; H konnte damit nicht rechnen. Der Exzeß des Haupttäters ist dem Teilnehmer nicht zuzurechnen. § 28 ist nicht zu zitieren, weil die grausame Begehungsweise kein täterbezogenes, sondern ein tatbezogenes Merkmal ist.
Ergebnis: H ist wegen Beihilfe zum Totschlag strafbar, §§ 212, 27 I.

FALL 145: Ein Neffe (N) tut seinem Onkel (O) so lange schön, bis er ihn als Erben einsetzt; kaum ist das Testament geschrieben, erschießt er ihn. Sein Freund (F) hatte ihm aus Gefälligkeit hierzu seine Pistole geliehen. – Wir bejahen Habgier und somit § 211 bei N und fragen, wie sich F strafbar gemacht hat.
Dies hängt davon ab, in welchem Verhältnis § 211 zu § 212 steht – ein besonders wichtiges und sehr klausurverdächtiges Thema. Nach der überwiegenden Ansicht ist **Totschlag, § 212, der Grundtatbestand** und Mord, § 211, die Qualifizierung (die abweichende Meinung des BGH werden wir im nächsten Fall kennenlernen). Das bedeutet, daß alle Mordmerkmale strafschärfende Umstände sind. Die täterbezogenen Mordmerkmale gelten über § 28 II nur für den Beteiligten, bei dem sie vorliegen. Bitte machen Sie sich diesen Unterschied zum vorigen Fall klar. Hier lag Habgier nur beim Haupttäter N, nicht aber bei F vor.
Ergebnis: F ist wegen § 28 II nur als Gehilfe beim Totschlag zu bestrafen, §§ 212, 27 I.

FALL 146: Wie vorher; nur bittet N seinen Freund F, für ihn das blutige Geschäft zu erledigen. F tut es. – Auf Grund des bisher Gelernten kommen Sie ohne weiteres zum
Ergebnis: F ist wegen Totschlags, N über § 28 II wegen Anstiftung zum Mord zu bestrafen, §§ 211, 26.
Sie sollten in der Klausur hier auch die **abweichende Auffassung des BGH** erwähnen, wonach die §§ 212 und 211 nicht Grundtatbestand und Qualifizierung, sondern selbständige Vorschriften mit eigenen Unrechtsgehalt sind. Nach dieser Meinung wären die Mordmerkmale im vorliegenden Fall persönliche straf**begründende** Merkmale gemäß § 28 I und nicht

bloße Strafschärfungsgründe nach § 28 II. Der BGH wird daher im 1. Erbonkel-Fall (Nr. 145) den habgierigen Täter N nach § 211, den Gehilfen F wegen Beihilfe zum Mord nach §§ 211, 27, 28 I verurteilen. Wenn F vom Habgier-Motiv des N nichts weiß, liegt Exzeß des Haupttäters vor. In diesem Fall wird er dann nach §§ 212, 27 wegen Beihilfe zum Totschlag bestraft.
Im 2. Onkel-Fall bleibt es bei der Bestrafung des Täters F nach § 212. Wegen Abhängigkeit der Teilnahme von der Haupttat wird aber N nur wegen Anstiftung zum Totschlag nach §§ 212, 26 verurteilt. Das Motiv „Habgier“ kommt nicht zum Zug und wird nur bei der Strafzumessung berücksichtigt.
Diese Zusammenhänge sind nicht ganz einfach. Nehmen Sie sich daher mindestens fünf Minuten Zeit und prüfen Sie, ob Sie auch alles verstanden haben.

FALL 147: Die Eltern von Hänsel und Gretel führen die beiden Kinder tief in den Wald und verlassen sie dort. – Inwieweit ist diese Stelle des bekanntesten Märchens strafrechtlich interessant?
Wir lesen § 221. Die Eltern würden von uns nach § 221 II bestraft werden **(Aussetzung).**

Leitsatz 26:

(Mord)

1. Mord, § 211 I, ist nach überwiegender Meinung eine vorsätzliche Tötung (§ 212), die durch bestimmte Mordmerkmale qualifiziert ist (§ 211 II).
   Die Mordmerkmale können sein
   a) **tatbezogen-objektiv:** Das ist die zweite Gruppe in § 211 II: heimtückisch, grausam, mit gemeingefährlichen Mitteln, Konsequenz: Beteiligte werden auch nach § 211 bestraft.
   b) **täterbezogen-subjektiv:** Das sind alle anderen Merkmale in § 211 II, z. B. Habgier.
   Konsequenz: Beteiligte werden über § 28 II nur nach § 212 bestraft, wenn das täterbezogene Merkmal bei ihnen fehlt.
2. Nach Auffassung des BGH ist § 211 ein Sonderdelikt, keine Qualifikation von § 212.
   Konsequenz: Teilnehmer werden immer nach § 211 bestraft, bloß über § 28 I u. U. milder. (Bei Unkenntnis der Mordmerkmale wird der Teilnehmer natürlich nach den allgemeinen Regeln – Exzeß des Haupttäters – nur gemäß § 212 bestraft).

FALL 148: Ein leichtes Mädchen rächt sich an ihrem Zuhälter, indem es ihn mit einer Geschlechtskrankheit ansteckt. Wir lassen § 6 I 1 GeschlKrG außer acht und prüfen nur unter dem Gesichtspunkt der Körperverletzung. Es käme eine **Gesundheitsbeschädigung** nach § 223 I in Betracht. Darunter versteht man das Hervorrufen oder Steigern eines – wenn auch vorübergehenden – pathologischen Zustands. Bei der Geschlechtskrankheit bejahen wir die Gesundheitsbeschädigung.
Ergebnis: Die Mieze ist nach § 223 zu bestrafen.
Wir setzen den Strafantrag voraus, §§ 230 I, 77 I.
Nebenbei bemerkt: Die „**körperliche Mißhandlung**" im Sinne von § 223 kommt in zwei Variationen vor:
1. Störung des körperlichen Wohlbefindens, z. B. durch Schmerz oder Ekel, 2. Beeinträchtigung der körperlichen Unversehrtheit.

FALL 149: A versetzt B einige Tritte mit seinen schweren Bergstiefeln. B erleidet Blutergüsse.
Wir prüfen:
1. Grunddelikt, § 223? Ja, Mißhandlung, hier sowohl körperliches Wohlbefinden als auch körperliche Integrität beeinträchtigt.
2. Qualifikation, § 224? **Gefährliches Werkzeug** ist nach überwiegender Meinung Oberbegriff für Waffe und Messer.
   Gefährliches Werkzeug ist jeder Gegenstand, der
   a) nach seiner objektiven Beschaffenheit **und**
   b) nach Art seiner Benutzung im Einzelfall geeignet ist, erhebliche Körperverletzungen zuzufügen. Beides muß gegeben sein. Nagelschuhe oder schwere Stiefel sind beliebte Klausurbeispiele für das gefährliche Werkzeug.

Ergebnis: A ist strafbar wegen gefährlicher Körperverletzung, § 224.
Entscheiden Sie bitte, ob ein „gefährliches Werkzeug" in folgenden Fällen vorliegt:
a) Schere beim Bartabschneiden,
b) Bleistift beim Stoß ins Auge,
c) heiße Herdplatte, wenn das Opfer daraufgestoßen wird.
zu a) Nein; die Art der Verwendung ist hier ungefährlich,
zu b) Ja; meist harmlos, beim Stoß ins Auge jedoch zu erheblicher Verletzung geeignet,
zu c) Nein; „mittels" bedeutet, daß das gefährliche Werkzeug auf das Opfer hinbewegt werden muß. So jedenfalls die vorherrschende – freilich sehr formalistische – Meinung.

FALL 150: Aus Jux stößt ein Gammler im November einen Passanten von einer Hamburger Kaimauer ins Wasser. Das Opfer ist zufällig ein abgehärteter guter Schwimmer.

Wir denken an das kalte, schmutzige Hafenwasser und bejahen § 223: Mißhandlung durch Beeinträchtigung des Wohlbefindens.

Bei § 224 lautet die Frage: „Eine **das Leben gefährdende Behandlung**?" Ja, wenn auch im konkreten Fall keine Lebensgefahr entstand, weil das Opfer ein gesunder Sportler war. Es genügt, daß die Tat allgemein dazu geeignet ist, das Leben zu gefährden ! (str.)

Ergebnis: Strafbarkeit wegen gefährlicher Körperverletzung, § 224.

FALL 151: Ein Pianist (P) übt Tag und Nacht. Ein Student (S), der neben ihm wohnt, wird dadurch so gestört, daß er das Examen nicht schafft. Als S den P am Tag nach dem Durchfall trifft, ergreift er eine Bauklammer und schlägt wild auf den Musensohn ein. Dabei wird P's Zeigefinger der rechten Hand zertrümmert und muß abgenommen werden. – Wieder ist § 224 einschlägig, da eine Bauklammer ein gefährliches Werkzeug ist. Wie steht es mit **schwerer Körperverletzung**, § 226?

Diese Vorschrift stellt auf den schweren Erfolg der Körperverletzung ab und ist Qualifikation gegenüber § 223. § 224 ist gegenüber § 226 subsidiär (Gesetzeskonkurrenz).

Nun prüfen wir, ob der Zeigefinger der rechten Hand ein „wichtiges Glied" im Sinne von § 226 darstellt. Die höchstrichterliche Rechtsprechung hat das bejaht.

Dann untersuchen wir, ob S die schwere Folge zuzurechnen ist. Dabei muß bedingter Vorsatz oder – nach **§ 18** – wenigstens Fahrlässigkeit vorliegen. Letzteres ist bei dem brutalen Zuschlagen mit der Eisenklammer zu bejahen.

Ergebnis: S ist wegen schwerer Körperverletzung nach § 226 zu bestrafen.

FALL 152: Wie vorher, aber diesmal muß der Mittelfinger der linken Hand daran glauben.

Dieser wird im Gegensatz zum rechten Zeigefinger allgemein nicht als wichtiges Glied angesehen, so daß § 226 entfällt. Anders beim Pianisten: Für ihn ist er überaus wichtig. – Welcher Gesichtspunkt wird sich hier durchsetzen?

Ob ein wichtiges Glied vorliegt, bestimmt sich – so die überwiegende Meinung – nach seiner allgemeinen Bedeutung für den

Gesamtorganismus; Sondereigenschaften des Verletzten, z. B. sein Beruf, sind nicht maßgebend.

Ergebnis: S ist nur nach § 224 strafbar.

FALL 153: A fährt sein Auto fahrlässig gegen einen Alleebaum. Beim Unfall wird der Beifahrer B so schwer verletzt, daß er dauernd gelähmt bleibt.

Lähmung ist eine der in § 226 umschriebenen schweren Folgen; wird A nun wegen schwerer Körperverletzung bestraft? Nein! § 226 setzt zunächst eine vorsätzliche Körperverletzung voraus, welche dann eine durch Fahrlässigkeit oder bedingten Vorsatz verschuldete schwere **Folge** nach sich zieht. § 226 ist Qualifikation der vorsätzlichen einfachen Körperverletzung: §§ 223, 15.

Wir lesen jetzt § 229, **fahrlässige Körperverletzung**. Sie bezieht sich auf alle bisher erörterten Formen der Körperverletzung und liegt dann vor, wenn beim Täter nur Fahrlässigkeit gegeben ist. Hauptfälle: Verkehrsdelikte und Arbeitsunfälle.

Ergebnis: A ist strafbar wegen fahrlässiger Körperverletzung, § 229.

FALL 154: A fährt bei Dunkelheit ohne Licht mit dem Fahrrad den B so unglücklich an, daß dieser tödlich verletzt wird. Strafbarkeit?

Der Tod war für A nicht voraussehbar, da ein Stoß mit einem Fahrrad nur in den allerseltensten Fällen tödliche Folgen hat. § 222 verdrängt den § 229 nur, wenn der Tod voraussehbar war.

Ergebnis: A wird nur wegen fahrlässiger Körperverletzung bestraft. – Wie wäre es, wenn dasselbe mit dem Auto passiert wäre?

Der Tod des B wäre hier vorauszusehen gewesen. A wird wegen fahrlässiger Tötung verurteilt.

Zum Schluß noch ein paar wichtige Lektüretips:

- §§ 225, 226, 227.
- In § 231 ist der Tod oder die schwere Körperverletzung objektive Bedingung der Strafbarkeit. Der Teilnehmer an der Schlägerei wird bestraft, auch wenn er den Tod nicht fahrlässig im Sinne des § 18 herbeigeführt hat!

Anschließend notieren Sie bei § 231 „§ 18 nicht anwendbar“, während Sie „§ 18“ bei folgenden Bestimmungen vermerken: §§ 178, 221 III, 226, 227, 239, 251, 306 c.

Übersicht 27:

(Körperverletzung)

Delikt	Wesen
Körperverletzung, § 223	a) vorsätzliche körperliche Mißhandlung (Beeinträchtigung der körperlichen Unversehrtheit oder des körperlichen Wohlbefindens) **oder** b) vorsätzliche Gesundheitsbeschädigung
gefährliche Körperverletzung, § 224	vorsätzliche Körperverletzung (§ 223) in gefährlicher **Begehungsart** (Waffe, gemein schaftlich usw.)
schwere Körperverletzung, § 226	vorsätzliche Körperverletzung (§ 223) mit schwerer **Folge** (Verlust eines wichtigen Gliedes, eines Auges usw.) Merke: Die schwere Folge muß wenigstens fahrlässig herbeigeführt sein, § 18.
beabsichtigte schwere Körperverletzung, § 226 II	wie schwere Körperverletzung (§ 226 I), bloß hat der Täter die schwere Folge beabsichtigt (zumindest direkter Vorsatz)
Körperverletzung mit Todesfolge, § 227	vorsätzliche Körperverletzung (§ 223) mit tödlicher Folge. Merke: Der Tod muß wenigstens fahrlässig herbeigeführt werden, § 18.
fahrlässige Körperverletzung, § 229	beliebige Körperverletzung, fahrlässig begangen.

15. Lektion: Diebstahl

Der einfache Diebstahl

FALL 155: Der Jurastudent Eifrig hat die erste Lektion unseres Buches gelesen und will den § 242 nicht nur theoretisch, sondern auch praktisch kennenlernen, und zwar in allen Variationen. Er unternimmt daher folgendes:

1. Er stiehlt Strom, indem er die Leitung seines Nachbarn anzapft.

2. Er holt sich einen überfahrenen Feldhasen von der Autobahn und aus der Friedhofskapelle eine Leiche.
3. Am Wochenende „klaut" er fünfzehn Quadratmeter Grund, indem er den Grenzstein des elterlichen Grundstücks nachts zum Nachteil des Nachbarn versetzt.
4. Eine gefundene Armbanduhr behält er.
5. Als er hört, in welcher Kneipe Einbrecher verkehren, kauft er ihnen Diebesgut billig ab.
6. Mit einem fremden Sportwagen macht er eine Spritztour und stellt ihn dann heimlich wieder an die frühere Stelle.
7. Einen Goldfisch seiner Tante wirft er auf die Straße.

Ist Eifrig ein Diebstahl gelungen? Lesen Sie bitte § 242.

Zu 1. Diebstahl setzt eine **Sache** voraus. Der strafrechtliche Begriff Sache setzt ebenso wie der zivilrechtliche (vgl. § 90 BGB) die Körperlichkeit des Gegenstandes voraus. Anders als im Zivilrecht (vgl. § 90 a BGB) gilt jedoch im Strafrecht auch ein Tier als Sache. Elektrischer Strom ist wegen fehlender Körperlichkeit keine Sache, so daß § 242 nicht einschlägig ist. E hat sich allerdings nach § 248 c strafbar gemacht. Bitte gleich ansehen!

Zu 2. Das Stück Wild ist zwar eine Sache, aber nicht fremd. „**Fremd**" bedeutet: Im Allein- oder Miteigentum eines anderen stehend. Das Wild ist aber herrenlos, vgl. § 960 BGB; es besteht nur ein Aneignungsrecht des Jagdberechtigten, das in § 292 (Jagdwilderei) geschützt wird. E ist also nicht Dieb, sondern Wilderer gewesen!
Wir haben hier noch die gestohlene Leiche: Sie ist ebenfalls nicht „fremd". Leichen sind in der Regel zur Bestattung bestimmt und dem Geschäftsverkehr entzogen. Das Wegnehmen einer Leiche wird daher nach § 168 bestraft! Nur Leichen im Museum oder in der Anatomie stehen im Eigentum des Berechtigten und können „gestohlen" werden.

Zu 3. Ein Grundstück oder ein Teil davon ist keine **bewegliche** Sache. Unser verhinderter Dieb wird nach § 274 I 2 bestraft. Grundstücksbestandteile kann man dann stehlen, wenn man sie durch die Tat beweglich macht, z. B. einen abgesägten Baum, ein ausgehängtes Fenster, abgemähtes Getreide.

Zu 4. Wegnehmen bedeutet den Bruch fremden und die Begründung neuen Gewahrsams. Die verlorene Armbanduhr stand in niemandes Gewahrsam. „Gewahrsam" ist die von einem Herrschaftswillen getragene tatsächliche Herrschaft über die Sache. Herrschaft ist die Möglichkeit zum jederzeitigen körperlichen Zugriff.

Dabei wird der Gewahrsam nicht dadurch ausgeschlossen, daß der Inhaber der tatsächlichen Gewalt räumlich von der Sache entfernt ist, sofern eine solche Gewahrsamslockerung im Rahmen des sozial Üblichen liegt.
Beispiele: Der Autofahrer parkt seinen Wagen vor dem Geschäft, in dem er einkauft; der Bauer läßt den Flug auf seinem Feld stehen.
Der Eigentümer der Uhr hat die tatsächliche Herrschaft verloren, also keinen Gewahrsam mehr. – Wir lesen § 246 und stellen fest, daß E eine Unterschlagung begangen hat (nach h. M.).
Merke: Unterschlagung ist Zueignung ohne Gewahrsamsbruch.

Zu 5. Jetzt hat E endlich Diebesgut, aber aus zweiter Hand. Wir prüfen § 259 und können unseren Pechvogel nur wegen Hehlerei verurteilen.

Zu 6. E hat das Auto zwar weggenommen, aber nicht in **Zueignungsabsicht**. Das ist die Absicht, die Sache aus dem Vermögen des anderen in das eigene wirtschaftliche Vermögen zu überführen. Dabei muß der Sachentzug auf Dauer angelegt sein.
Da E das Auto nicht auf Dauer entziehen, im Gegenteil nach Gebrauch wieder zurückstellen wollte, fehlt der Wille zum dauerhaften Entzug und damit die Zueignungsabsicht i. S. des § 242. Früher sprach man vom „furtum usus“, dem **Gebrauchsdiebstahl**, der nicht unter § 242 fällt, bei Fahrzeugen aber strafbar ist, vgl. § 248 b.
Wenn der Täter das unbefugt benutzte Fahrzeug nicht mehr zurückbringt, sondern irgendwo stehen läßt, dann ist der Wagen dem beliebigen Zugriff Dritter ausgesetzt, und es bleibt dem Zufall überlassen, ob der Eigentümer jemals noch zu seinem Pkw kommt. In diesem Fall nimmt man Diebstahl und nicht unbefugten Fahrzeuggebrauch an mit dem Argument, der Täter habe mit dem Stehenlassen wie ein Eigentümer über das Auto verfügt, es sich also zugeeignet.

Zu 7. Das Tier geht ein, wie E weiß. Sofortige Vernichtungsabsicht schließt die Zuneigungsabsicht aus. E wollte nichts haben, sondern die Tante schädigen. Ergebnis: Nicht § 242, sondern Sachbeschädigung, § 303.
Unserem Studenten Eifrig ist also kein einziger Diebstahl gelungen. Auch Stehlen will gelernt sein!

FALL 156: Der Briefträger steckt Ihnen den Katalog eines Versandhauses in den Briefkasten. X sieht ihn herausragen und nimmt ihn mit.

Zumindest einen gelockerten Gewahrsam des Empfängers werden Sie bejahen. Wie steht es aber mit dem Willen zur Sachherrschaft, wenn Sie nicht wußten, daß der Katalog gerade an diesem Tag kommt?
Den Herrschaftswillen kann man auch im vorhinein haben; einen solchen **antizipierten Herrschaftswillen** nimmt man für alles an, was in den Briefkasten gesteckt wird. Ergebnis: X ist nach § 242 zu bestrafen.
Gleich zu behandeln wäre z.B. der Kasten Bier, den der Bierfahrer bei Abwesenheit des Kunden wie immer vor dessen Haustür stellt.

FALL 157: Eine Kundin (K) läßt im Selbstbedienungsladen eine teuere Creme in ihrem Handtäschchen verschwinden. Ein Verkäufer beobachtet sie und stellt sie vor Passieren der Kasse. Wo liegt das Problem?
Wieder beim Gewahrsam! Konnte K neuen Gewahrsam begründen, wenn ihre tatsächliche Herrschaft über die Sache noch in Frage stand, weil man sie beobachtet hatte?
Doch! Diebstahl muß nicht heimlich vor sich gehen. Wenn man die Sache an einen Ort verbringt, wo fremde Hände normalerweise nichts zu suchen haben (z. B. Handtasche), ist neuer Gewahrsam begründet und der frühere gebrochen, sagt die sog. „Enklaventheorie".
Ergebnis: K ist zu bestrafen wegen vollendeten Diebstahls.

FALL 158: Der Arbeiter A in einer großen Elektrofabrik will folgende Gegenstände entwenden:
a) eine Handvoll Glühbirnen, die er in seine Manteltasche steckt.
b) ein Kühlaggregat, das er zum späteren Abtransport unter einen Schrank steckt, wobei er zu dem Versteck nicht ohne weiteres Zugang hat.
c) einen Staubsauger, den er unter den Arm klemmt, um damit das Werk zu verlassen.

Das Problem steckt wieder beim Gewahrsam:
zu a) Gewahrsam gebrochen, weil neuer begründet, da die Manteltasche ein Ort ist, wo „andere Hände normalerweise nichts zu suchen haben". Daher vollendeter Diebstahl.
zu b) Das Aggregat befindet sich noch nicht im Herrschaftsbereich des A, sondern – wenn auch versteckt – in den Räumen der Firma. Der Gewahrsam des Firmenchefs ist gelockert, aber noch nicht gebrochen, daher versuchter Diebstahl, §§ 242, 22, 23.

zu c) Der Staubsauger ist ein sog. sperriges Gut, das von jedermann leicht als Diebesgut erkannt werden kann. Der Wegschaffung der Sache aus dem Werksgebäude stehen erwartungsgemäß Hindernisse entgegen, z. B. Kontrolle am Firmentor, die im Fall a) normalerweise nicht auftreten. Der Gewahrsam des Berechtigten ist nicht endgültig gebrochen, daher nur versuchter Diebstahl!

FALL 159: Der alte Herr Kanzleirat K stirbt. Erbe ist sein Sohn S, der auswärts studiert. Die treue Haushälterin H läßt einige Wertsachen des Verstorbenen verschwinden. Gewahrsamsbruch?
Mit dem letzten Atemzug des K hat S an seinem ganzen Vermögen Eigentum und Besitz erworben, §§ 1922, 857 BGB. Tatsächliche Sachherrschaft fehlt ihm aber, er hat noch keinen Gewahrsam.
Ergebnis: Kein Diebstahl, sondern Unterschlagung, § 246.

FALL 160: B arbeitet auf dem Bau. Sein Freund F bittet ihn um einen Hammer. B nimmt einen Hammer aus der Werkzeugkiste seines Meisters und sagt zu dem gutgläubigen F, der daneben steht: „Kannst ihn behalten, ich hab' ihn übrig". Strafbarkeit des B?
Zunächst hat B den Gewahrsam des Meisters gebrochen und neuen Gewahrsam begründet, das genügt für § 242. Eigenen Gewahrsam muß der Täter nicht begründen. Weiter: Hat B sich den Hammer zugeeignet?
Ja, als **Schenkender** hat er wie der Eigentümer über die Sache verfügt.
Ergebnis: B ist strafbar wegen Diebstahls.

FALL 161: Der Student A hat dem Studenten B seine Gesetzessammlung „Schönfelder" abgekauft und bezahlt. Da B zögert, ihm das Buch zu geben, nimmt A es in einem unbeobachteten Augenblick heimlich weg. § 242?
Der Gewahrsamsbruch ist klar, aber die Zueignung nicht **rechtswidrig**. Die Rechtswidrigkeit der beabsichtigten Zueignung ist **objektives Tatbestandsmerkmal** (das allerdings im subjektiven Tatbestand geprüft wird). Rechtswidrig ist die beabsichtigte Zueignung dann nicht, wenn der Täter einen fälligen und einredefreien Übereignungsanspruch auf die weggenommene Sache (Individualschuld) gegen den Eigentümer hat. An der Fälligkeit bzw. Einredefreiheit fehlt es z. B., wenn die Lieferung erst für einen späteren Termin vereinbart wurde

bzw. der Verkäufer ein Zurückbehaltungsrecht hat, z. B. wegen fehlender Bezahlung.

Hier bestand ein Anspruch auf sofortige Übereignung gerade dieses Buches (Individualschuld). Ergebnis: A bleibt straflos.

Anders wäre es, wenn A z. B. „10 Flaschen Bier“ (Gattungsschuld) gekauft, aber noch nicht erhalten hätte. Wenn er sich jetzt eigenmächtig bedient, bleibt er höchstens wegen Irrtums straffrei. §§ 16, 17.

FALL 162: Zwei Studenten, A und B, haben eine Wohnung gemietet; die Küche benutzen sie gemeinsam. A verkauft die Kochplatte, die er mit B gemeinsam angeschafft hatte. Strafbarkeit?

An der Platte bestand Mitgewahrsam des B, wir bejahen daher Gewahrsamsbruch. – Da A **nicht Alleineigentümer** war, war die Kochplatte auch „fremd“ für A.

Ergebnis: A ist strafbar wegen Diebstahls, § 242.

Ein Dauerbrenner in Klausuren und Hausarbeiten ist der wichtige

FALL 163: A nimmt aus B’s Schrank dessen Sparbuch an sich, hebt auf der Bank 3000,– DM ab und gibt das Buch heimlich wieder zurück. Wie hat sich A strafbar gemacht?

Das Problem liegt hier bei der Zuneigungsabsicht. Sie setzt voraus, daß der Täter die **weggenommene Sache** dem Eigentümer auf Dauer entziehen und sie in sein eigenes Vermögen einverleiben will. Hier beabsichtigte der Täter aber, das weggenommene Sparbuch nach Benutzung bei der Bank wieder an den Eigentümer zurückzugeben und tat dies auch. Liegt deshalb, weil der A bezüglich des Sparbuchs an sich keine Enteignung auf Dauer vornahm, kein Diebstahl vor, obwohl ohne das Buch die 3000,– DM für den Dieb nicht erreichbar waren?

Während früher die **Substanztheorie** eine Zueignung nur dann bejahte, wenn der Täter die Sache selbst (also hier das Sparbuch) dem Berechtigten auf Dauer entzog und in sein Vermögen überführte, liegt nach der heute herrschenden **Vereinfachungstheorie** darüber hinaus Zueignung **auch dann** vor, wenn der Täter zwar die Sachsubstanz zurückgibt, dieser aber zuvor ihren wirtschaftlichen Wert entzogen und für sich verwendet hat.

Da A bereits bei der Wegnahme des Sparbuchs beabsichtigte, dessen darin verkörperten wirtschaftlichen Wert, nämlich die 3000,– DM Sparguthaben, dem Eigentümer auf Dauer zu entziehen und für sich zu verwenden, ist mit der Wegnahme des Sparbuches der Diebstahl gem. § 242 StGB vollendet.

Leitsatz 28:

(Grundfragen des Diebstahls)

Wegnehmen im Sinn des § 242 setzt voraus: Bruch fremden und Begründung neuen, nicht notwendig eigenen, Gewahrsams. Gewahrsam ist die vom Herrschaftswillen getragene tatsächliche Herrschaft über die Sache; vorübergehende Behinderung der Gewaltausübung schadet nicht. Beispiel: Bierkasten vor der Haustür.

Zueignung ist das Einverleiben der Sache in das wirtschaftliche Vermögen des Täters. Zueignung des wirtschaftlichen Wertes genügt nach der herrschenden Vereinfachungs-Theorie. Beispiel: Sparbuch.

Sonderfälle des Diebstahls

FALL 164: Ein Mieter (M) gibt beim Auszug einen seiner Wohnungsschlüssel nicht zurück. Er benützt ihn einen Monat später, um Geld aus der Wohnung des Nachmieters zu entwenden.

Wenn es ums Stehlen geht, müssen wir uns angewöhnen, immer den ganzen 19. Abschnitt des StGB, die §§ 242–248 c zu überprüfen. Hier könnte unter Umständen ein besonders schwerer Fall des Diebstahls vorliegen, weil M „zur Ausführung der Tat in eine Wohnung mit einem falschen Schlüssel" eingedrungen ist, § 243 I 1.

Es wäre zu eng ausgelegt, wollte man beim falschen Schlüssel nur an einen denken, der nach heimlichen Wachsabdrücken gefertigt wurde. Nach § 243 I 1 ist jeder **Schlüssel falsch, der vom Berechtigten nicht zur Öffnung bestimmt** (man sagt auch „gewidmet") ist. Der Berechtigte muß nicht der Eigentümer sein. – Die Entwidmung richtet sich nach dem Willen der Berechtigten oder ergibt sich aus den Umständen. In unserem Fall endet die Widmung mit dem Auszug des Mieters.

Ergebnis: M hat einen falschen Schlüssel benutzt und ist strafbar nach §§ 242, 243 I 1.

FALL 165: Bruch öffnet mit einem Eisendraht das Entlüftungsfenster eines VW, betätigt dann den inneren Türgriff und entwendet

a) aus dem Auto eine Kamera,
b) den ganzen Wagen durch Kurzschließen der Zündung,
c) eine Flasche Bier.

Wie hat sich Bruch in diesen 3 Fällen strafbar gemacht?

zu a) Sie werden vermuten, daß ein Pkw ein **umschlossener Raum** im Sinne von § 243 I 1 ist – zu Recht: man definiert den „umschlossenen Raum" als jedes Raumgebilde, das dazu bestimmt ist, von Menschen betreten zu werden, und das mit mindestens teilweise künstlichen Vorrichtungen zur Abwehr des Eindringens Unbefugter umgeben ist. – Bitte nochmals lesen: Die Definition paßt auf unseren Wagen.

Einbruch ist in unserem Fall klar. Weil es aber auch Grenzfälle gibt, merken wir uns: Erforderlich ist die Beseitigung von Hindernissen durch Gewalt. Eine große Kraftanstrengung ist nicht nötig, auch keine Substanzverletzung: Aufbiegen eines Riegels würde genügen!

Wir sind uns also einig: Bruch ist zur Ausführung der Tat in einem umschlossenen Raum eingebrochen.

zu b) Genauso wie a). Ob der Täter aus dem Raum stiehlt, den ganzen Raum sprich Pkw mitnimmt oder im Auto Schlüssel findet und damit dann aus einer fremden Wohnung stiehlt, ist bei § 243 I 1 gleichgültig.

zu c) Sie werden im ersten Moment sagen: Was soll das, der Fall liegt doch genauso wie bei a)! – Lesen Sie bitte § 243 II: Bei **geringwertigen Sachen** kein schwerer Fall (Ausnahme: § 243 I 7). Lesen Sie bitte gleich auch noch § 248 a. Hier sind einfacher Diebstahl und Unterschlagung geringwertiger Sachen durch „privilegiert", daß sie im Normalfall nur auf Antrag verfolgt werden.

Was eine geringwertige Sache ist, bestimmt sich nach dem objektiven Wert der Sache (Verkaufswert zur Tatzeit). Einen genauen Geldbetrag kann man nicht angeben, schon wegen der fortschreitenden Geldentwertung. In der Rechtsprechung sah man beispielsweise bis 1969 20,– DM noch als geringen Wert an, im Jahre 2000 dürfte die Grenze bei 50 bis 100,– DM liegen.

Ergebnis: Trotz Einbruchs in einem umschlossenen Raum (§ 243 I 1) ist kraft der ausdrücklichen Bestimmung des § 243 II ein besonders schwerer Fall des Diebstahls nicht gegeben. Der Täter kann bei Strafantrag oder Vorliegen eines öffentlichen Interesses wegen Diebstahls einer geringwertigen Sache nach §§ 242, 248 a bestraft werden.

Bei § 243 I 4, dem **Kirchendiebstahl**, unterstreichen Sie in Ihrem Gesetz „dem Gottesdienst gewidmet" und „der religiösen Verehrung dient". Unter die erste Alternative fiele etwa der Meßkelch oder die Altarkerze, unter die zweite eine Heiligenstatue oder ein Kruzifix, nicht dagegen Opferstöcke, Gebetsstühle, Kanzeln oder sonstiges Inventar.

FALL 166: A stiehlt eine Aktentasche mit Banknoten im Wert von 300.000,– DM. § 242 oder §§ 242, 243?
Sie werden den Fall in § 243 I 1–7 vergeblich suchen. Nun lesen wir im § 243 I den 1. Satz, der nur von **„besonders schweren Fällen"** spricht. Aus Satz 2, der dann Nr. 1–7 enthält, ersehen wir, daß es sich hier nur um Regelbeispiele handelt.
Ein besonders schwerer Fall ist anzunehmen, wenn beim Diebstahl Unrecht und Schuld wesentlich über dem Durchschnitt liegen. Davon kann man z. B. sprechen, wenn Sachen von sehr hohem Wert gestohlen werden.
Ergebnis: §§ 242, 243 I Satz 1!

FALL 167: Ede hat immer eine Gaspistole bei sich. Er stiehlt im Kaufhaus eine Hose. Benützen wollte er dabei die Gaspistole nicht. § 242?
Nein, § 244 I Nr. 1 a! **Schußwaffe** ist eine Waffe, bei der ein Geschoß durch einen Lauf getrieben wird, also auch eine Gaspistole. Die Absicht, die Schußwaffe zu benützen, ist beim Täter oder einem anderen Beteiligten, der sie führt, nicht erforderlich. Der Unterschied zu § 244 I Nr. 1 b ist ein doppelter. In § 244 I Nr. 1 b ist jede Waffe, Werkzeug oder Mittel gemeint, auch z. B. Schraubenschlüssel, Messer, Pfeffer. Ferner muß ein Beteiligter dort die Waffe usw. mit sich führen, **um** den möglichen Widerstand eines anderen zu brechen.
Stichwort: § 244 I Nr. 1 b ist ein vorbereiteter Raub, der aber als Diebstahl ausgeführt wird.
Nun lesen Sie noch § 244 I Nr. 2, Bandendiebstahl, sowie § 244 a, schwerer Bandendiebstahl. Beachten Sie dabei: Nach der Rechtsprechung und einem Teil der Literatur genügt für eine Bande schon der Zusammenschluß von 2 Personen!

16. Lektion: Andere Vermögensdelikte

Unterschlagung

Die Worte „Besitz oder" in § 246 sind überflüssig, da Besitz im Sinne dieser Vorschrift dasselbe ist wie Gewahrsam. Wir setzen sie in unserem Gesetzestext in Klammern.

FALL 168: A fährt am 1. August in Urlaub und gibt B seine Briefmarkensammlung zur Aufbewahrung. Am 15. August beschließt B, sie zu behalten, am 20. August sagt er dem heimkehrenden A, er könne ihm die Briefmarken nicht mehr zurückgeben; die Sammlung sei ihm gestohlen worden. – An welchem Tag hat B die Unterschlagung begangen?
Die Handlung in § 246 besteht in der rechtswidrigen **Zueignung**: Dazu genügt der Entschluß allein nicht; er muß sich eindeutig manifestieren, d. h. durch einen äußerlich erkennbaren Akt bestätigt werden wie z. B. Verbergen, Wegschaffen oder Verleugnen des Besitzes.
Ergebnis: B hat sich am 20. 8. nach § 246 strafbar gemacht.
Sind wir mit unserer Prüfung schon am Ende?
Bitte lesen Sie § 246 I noch einmal! Nach dem letzten Halbsatz wird der Täter schwerer bestraft, wenn ihm die Sache anvertraut war, d. h. gegeben in dem Vertrauen, er werde mit der Sache nur im Sinne des Anvertrauenden verfahren. Man nennt diesen erschwerten Fall der Unterschlagung auch **Veruntreuung**, welchen Begriff wir mit dem Tatbestand der Untreue nach § 266 nicht verwechseln dürfen. Die Praxis hat meist mit erschwerter Unterschlagung zu tun, da einfache Unterschlagung sich fast nur auf den Fall der Fundunterschlagung beschränkt.
Merke: Auch für § 246 gelten die Privilegierungen der §§ 247, 248 a! Bei § 246 und bei § 242 sollten Sie auch § 133 prüfen; bitte im Gesetz vermerken!

Übersicht 29:

(Diebstahl und Unterschlagung)

(Absicht der)
Zueignung

mit Gewahrsamsbruch	ohne Gewahrsamsbruch
Diebstahl, § 242	Unterschlagung, § 246

Strafzumessungsregel	Qualifizierung	Antragsdelikte	Qualifizierung
§ 243: Besonders schwerer Fall	§ 244: Diebstahl mit Waffen und Bandendiebstahl	§ 247: Haus- und Familiendiebstahl bzw. -unterschlagung § 248 a: Diebstahl bzw. Unterschlagung geringwertiger Sachen (aber auch Verfolgung von Amts wegen möglich, s. § 248 a am Ende)	§ 246 II: Sache „anvertraut“

FALL 169: Preller besitzt einen Jute-Teppich im Wert von 120,– DM. Er lügt dem Zahnarzt Reich vor, es handele sich um einen alten Perserteppich im Wert von ca. 5000,– DM. Da er kurzfristig Geld brauche, wolle er das Stück für 3000,– DM abgeben. Reich glaubt es und macht das Geschäft.
Ein klarer Fall von Betrug, werden Sie sagen. Mag sein, aber warum? Bitte lesen Sie § 263 I! Betrug hat es in sich. Wir müssen hier vor allem die Tatbestandsmerkmale in bestimmter Reihenfolge prüfen, was sonst nicht immer nötig ist. An unserem kleinen Fall werden wir die Anatomie dieser Vorschrift schnell erkennen. Wir prüfen also:
I. Objektiver Tatbestand:
1. Täuschungshandlung:
   Die Täuschung muß sich auf **Tatsachen** beziehen. Preller hat hier unwahre Tatsachen vorgespiegelt, d. h. falsch behauptet („wertvoller alter Perser“).
2. Irrtumserregung:
   In Reich ist ein Irrtum hervorgerufen worden; er hat den „Perser“ geglaubt.
3. Kausalität:
   Dieser Punkt ist ganz wesentlich: Die Täuschung muß Ursache für den Irrtum (kausal für den Irrtum) gewesen sein, mit anderen Worten: Zwischen Ziffer 1 und 2 muß ein Kausalzusammenhang bestehen. Das bejahen wir in unserem Fall; denn hätte Preller den Reich nicht angelogen, so wäre dieser nicht auf die Idee gekommen, es handele sich um einen echten Orientteppich. Die Kausalkette muß noch über die Vermögensverfügung bis zum Vermögensschaden reichen.
4. Vermögensverfügung:
   Die Vermögensverfügung ist ein ungeschriebenes Tatbestandsmerkmal, das sich notwendig aus den Wörtern „dadurch beschädigt, daß“ ergibt. Man versteht darunter jedes Verhalten, das den Vermögensstand unmittelbar berührt, z. B. zahlen, stunden, nicht geltendmachen etc. – Die Vermögensverfügung des Reich lag darin, daß der Preller den überhöhten Preis von 3000,– DM zahlte.
5. Vermögensschaden:
   Vermögen wird (nach dem wirtschaftlichen Vermögensbegriff) definiert als „Gesamtheit der wirtschaftlichen Güter einer Person“. Der Begriff wird sehr weit gefaßt, es gehören z. B. auch unrechtmäßig besessene Gegenstände dazu (Beispiel: Ein Dieb wird um seine Beute betrogen). Auch der **Schadens**begriff wird weit gefaßt: Bereits eine Vermögens-

gefährdung genügt für § 263, z. B. wenn der Schuldner dem Gläubiger den Schuldschein entlockt, so daß der Gläubiger im Prozeß einen schwereren Stand hat.

II. Subjektiver Tatbestand:

1. Bereicherungsabsicht, d. h. Absicht, sich oder einem Dritten einen Vermögensvorteil zu verschaffen. Dabei muß zwischen dem angestrebten Vermögensvorteil und dem Vermögensschaden Stoffgleichheit bestehen, d. h. der Vorteil für den Täter (oder den begünstigten Dritten) muß unmittelbar aus dem Vermögen des Geschädigten fließen – ohne „Zwischenstation".
2. Rechtswidrigkeit der beabsichtigten Bereicherung; sie ist nicht mit dem allgemeinen Verbrechensmerkmal der Rechtswidrigkeit des Betrugs zu verwechseln. Sie erfordert, daß der Täter keinen fälligen und einredefreien Anspruch auf den Vorteil hat. (Die Rechtswidrigkeit des angestrebten Vermögensvorteils ist wie bei § 242 objektives Tatbestandsmerkmal, das herkömmlicherweise im subjektiven Tatbestand geprüft wird.)

Der Vorsatz muß sich beziehen:

1. auf die Kausalkette: Täuschung – Irrtum – Vermögensverfügung – Vermögensschaden. Daraus folgt, daß es der Täter von Anfang an darauf angelegt haben muß, durch Täuschung zu schädigen. Bei nachträglichem Entschluß, nicht zu liefern, nicht zu zahlen usw., ist § 263 nicht einschlägig.
2. auf die Rechtswidrigkeit des Vermögensvorteils, wobei bedingter Vorsatz genügt.

Erst nachdem wir alle Punkte in dieser Reihenfolge durchgearbeitet haben, kommen wir rechtlich fundiert zu dem

Ergebnis: Preller ist strafbar wegen Betruges, § 263. In der Klausur gilt es zu suchen, in welchen der 8 Punkte das Problem steckt. Daß es nicht immer so glatt geht wie in unserem Übungsfall, sehen Sie an folgenden

FÄLLEN (170): Entscheiden Sie jeweils, ob Betrug vorliegt.

1. X schleicht sich ohne Eintrittskarte ins Fußballstadion.
2. Vor dem Zivilgericht veranlaßt der Kläger den Richter durch eine falsche Quittung, den Beklagten zur Zahlung von 1000,– DM an sich zu verurteilen. In Wirklichkeit hat K keinen solchen Anspruch gegen B.
3. Der Bestohlene täuscht den Dieb und entlockt ihm das Diebesgut wieder.
4. Ein Vertreter reicht bei seiner Firma die Bestellung eines Kunden ein, die er bei diesem erschwindelt hat.

5. X macht dem Kaufmann K vor, ein Pelz in seinem Laden sei Diebesgut. K gibt ihn deshalb zum Einkaufspreis an X ab.
6. Nach dem Essen im Restaurant entschließt sich X, nicht zu zahlen, und empfiehlt sich französisch.
7. Im Teppichfall (Nr. 169) oben würde Preller sagen:
„Ein wunderschönes Stück, echt Jute, sehr wertvoll, für 3000,– DM.“

zu 1. Kein Irrtum erregt, § 263 ist nicht gegeben, wohl aber § 265 a!

zu 2. Hier liegt eine Täuschung des Gerichts über das Bestehen des Anspruchs vor. Getäuschter (der Richter) und Geschädigter (der Beklagte) sind zwar nicht identisch. Das steht aber einem Betrug gem. § 263 nicht entgegen. **Getäuschter und Verfügender müssen identisch sein, nicht dagegen Getäuschter und Geschädigter.** Erforderlich ist allerdings, daß der Verfügende bereits vor der Tat eine rechtliche oder tatsächliche Möglichkeit hatte, auf das Vermögen des Geschädigten einzuwirken. Diese Voraussetzungen sind hier erfüllt. (Dies ist der Fall des Prozeßbetruges.)

zu 3. Keine Rechtswidrigkeit der beabsichtigten Bereicherung; der Täter hatte Anspruch auf die Sache, daher kein Betrug.

zu 4. Problem „Stoffgleichheit“. Sie besteht nicht zwischen dem Vermögensschaden des Kunden und der Provision, die der Vertreter von seiner Firma bekommt. Dagegen entspricht der Vorteil der Firma dem Nachteil des Kunden. Der Vertreter hat also einen Betrug zugunsten eines Dritten, der Firma, begangen; ferner hat er die Firma um die Provision betrogen, die ihm nicht zusteht.

zu 5. Problem „Vermögensschaden“, K hat keinen Verlust; er gab den Pelz zum Einkaufspreis ab. Vereitelung des Gewinns wird aber als Vermögensschaden angesehen, also § 263.

zu 6. Der Täter müßte bereits bei der Bestellung der Speisen entschlossen sein, später ohne Bezahlung zu verschwinden. Die Täuschung geschieht dabei durch schlüssige Handlung; denn wer bestellt, behauptet dadurch indirekt, zahlungsfähig und -willig zu sein. – Bei nachträglichem Entschluß wie hier liegt aber kein Betrug vor; X bleibt mangels Täuschung straflos!

zu 7. Keine Täuschung über Tatsachen. Bloße Werturteile werden vom § 263 nicht erfaßt. Daß der Teppich aus Jute war, wurde erwähnt, § 263 ist kein Schutz für Dumme. Wenn Reich jetzt kauft, liegt kein Betrug vor!

Lesen Sie nun bitte noch § 263 II–VII : Wir sehen, daß der Haus- und Familienbetrug (§§ 263 IV, 247) sowie der Bagatellbetrug (§§ 263 IV, 248 a) ebenso privilegiert sind wie die entsprechenden Diebstahlstatbestände.

Leitsatz 30:

(Betrug)

Der Unterschied zum Diebstahl liegt darin, daß sich der Betrüger geben läßt, während der Dieb nimmt. – Bei Prüfung des Sachverhalts müssen wir bei § 263 eine ganz bestimmte Reihenfolge einhalten.

1. Im objektiven Tatbestand prüfen wir:
   a) Täuschungshandlung über Tatsachen: Wahre entstellen oder unterdrücken oder falsche behaupten; alles nicht nur ausdrücklich, sondern auch durch schlüssige Handlung möglich.
   b) Irrtumserregung
   c) Vermögensverfügung
   d) Vermögensschaden (Gefährdung genügt); ein und dieselbe Verfügung muß unmittelbar den Schaden bewirken.
   e) Zwischen a)-b), b-c) und c)-d) muß jeweils ursächlicher Zusammenhang bestehen.
2. Im subjektiven Tatbestand prüfen wir:
   a) die Absicht, sich oder einem Dritten einen unmittelbar aus dem Vermögensschaden resultierenden Vermögensvorteil zu verschaffen (Stoffgleichheit).
   b) Rechtswidrigkeit dieses Vermögensvorteils, die objektiv vorliegen muß.

Der Vorsatz des Täters muß sich auf alle im objektiven Tatbestand geprüften Merkmale einschließlich der im subjektiven Tatbestand geprüften Rechtswidrigkeit des angestrebten Vermögensvorteils beziehen. Sehr wichtig ist, daß der betrügerische Entschluß schon vor der Tat gefaßt werden muß.

Raub und Erpressung

FALL 171: Als ein Juwelier abends gerade seinen letzten Kunden bedienen will, zieht dieser die Pistole, ruft „Hände hoch!“ und bedient sich selbst.

Wir lesen § 249, Raub: Kommt Ihnen die 2. Hälfte des § 249 I bekannt vor? – Die beschriebene Wegnahme einer Sache ent-

spricht genau dem Diebstahl, § 242! Wir untersuchen nun, welche Stelle von § 249 auf unseren Fall paßt.
Was die Wegnahme zum Raub macht, sind die dazu eingesetzten Mittel. Einschlägig ist hier das 2. Raubmittel, „Drohung mit gegenwärtiger Gefahr für Leib oder Leben“. **Drohung** ist das Inaussichtstellen eines Übels, dessen Verwirklichung davon abhängen soll, daß der Bedrohte nicht nach dem Willen des Täters reagiert. Wesentlich ist, daß nicht mit irgendeinem Übel, sondern mit **Gefahr für Leib oder Leben** des Opfers oder einer ihm nahestehenden Person gedroht wird, und zwar mit einer „gegenwärtiger Gefahr“, d. h. einer Gefahr während der Tat.
Treu dem Prinzip, in der Umgebung einer Vorschrift weiterzulesen, stoßen wir auf die Qualifizierung des Raubes, § 250, dessen Ziffern, 1 und 2 genau den Ziffern 1 und 2 in § 244 (bewaffneter bzw. Bandendiebstahl) entsprechen. Bitte vergleichen: Wegen der Pistole bejahen wir § 250 I 1 und 2 und kommen zu dem
Ergebnis: Schwerer Raub nach §§ 249, 250 I 1, 2.

FALL 172: Wieder holt der Verbrecher eine Kanone heraus, bloß sagt er diesmal, „Schmuck her!“ und läßt sich bedienen.
Strafrechtliche Folge: Nicht Raub, sondern **räuberische Erpressung**, § 255, weil der Täter nicht nimmt, sondern sich geben läßt. (Die Abgrenzung zwischen Wegnahme und Weggabe ist in Literatur und Rechtsprechung umstritten. Die Rechtsprechung stellt dabei auf das äußere Erscheinungsbild der jeweiligen Handlung ab, d. h. prüft, ob das Opfer weggegeben oder der Täter weggenommen hat.)

FALL 173: Ein ganz Durstiger entwindet einem anderen gewaltsam eine Flasche Bier und läuft davon.
Die Kernfrage ist hier, ob die schwere Strafe des § 249 auch bei geringwertiger Beute verhängt wird. Prüfen Sie aber zunächst in § 249 die „Gewalt gegen eine Person“. **Gewalt** ist (zumindest) die zur Überwindung eines Widerstandes entfaltete physische Kraft. Der Kraftaufwand muß nicht erheblich, aber doch größer sein, als zur bloßen (normalen) Wegnahme nötig.
Fußnote: Ein umstrittenes Problem ist das überraschende und blitzschnelle Entreißen einer Handtasche; hat sie das Opfer nur locker in der Hand, so ist kein Kraftaufwand erforderlich. Gewalt – und damit Raub – wird dann von der herrschenden Meinung abgelehnt.
Unterstreichen Sie jetzt bitte noch im Gesetz die Worte „gegen eine Person“. Das ist Voraussetzung für § 249.

Raub ist ein Sonderdelikt und keine Qualifizierung des Diebstahls; außerdem fehlt in § 249 ein besonderer Hinweis auf **geringwertige Sachen**, wie er in §§ 243 II, 259 II, 263 IV oder 266 II enthalten ist. Fazit: Bei Raub hört der Spaß auf!
Als Ergebnis stellen wir also hier Raub fest, § 249.

FALL 174: Am Fahrkartenschalter hat ein Reisender seine gefüllte Brieftasche neben sich gelegt. Ein Penner greift sie sich und läuft weg. Der Eigentümer verfolgt ihn und kriegt in zu fassen, aber der Altgammler boxt sich frei und taucht in der Menge unter.
Bitte lesen Sie § 252; der **räuberische Diebstahl** ist ebenfalls ein Sonderdelikt, der Täter wird „gleich einem Räuber" bestraft, d. h. nach § 249 oder – wenn die weiteren Qualifikationen vorliegen – nach §§ 250 bzw. 251.
Vorliegen muß ein Diebstahl, den wir hier ohne weiteres bejahen. „Auf frischer Tat betroffen" bedeutet: Am Tatort oder in der Nähe, und zwar bei oder kurz nach der Tat.
Die Raubmittel (Drohung ... bzw. Gewalt ...) muß der Täter des § 252 mindestens noch während der „Nacheile" (Verfolgung) anwenden.
Ergebnis: Der Bahnhofspenner ist strafbar wegen räuberischen Diebstahls, § 252.

FALL 175: Müller sagt zu Schmidt: „Ich bedauere ihre arme Frau, wenn sie erfährt, daß sie während der letzten Geschäftsreise im Eros-Center waren. Aber bei ein paar großen Blauen wird mein Gedächtnis immer schwach." Schmidt zahlt 500,– DM und Müller schweigt. Strafbarkeit?
Zunächst müssen wir uns den Sinn von Müllers Worten klarmachen: „Gib mir Geld, sonst erfährt deine Frau alles!" Bitte lesen Sie jetzt § 253. Die **Erpressung** gleicht dem Betrug. Nur arbeitet der Täter nicht mit Täuschung und Irrtumserregung, sondern setzt die Mittel der Nötigung ein, um das Opfer zu der Vermögensverfügung zu veranlassen. § 253 ist für Sie ein neues Delikt, zusammengesetzt aus bekannten Bausteinen. Mathematisch ausgedrückt: § 263 minus Täuschungshandlung minus Irrtumserregung plus Nötigungsmittel = Erpressung, § 253.
Damit ist unser Fall auch schon gelöst: Müller drohte mit einem empfindlichen Übel. Da auch alle anderen Voraussetzungen des § 253 erfüllt sind, ist er strafbar wegen Erpressung.
Noch eins: **Rechtswidrigkeit** der Tat (nicht der beabsichtigten Bereicherung) wird hier nicht im üblichen Sinn verstanden,

sondern im § 253 II – wie auch § 240 II – vollkommen selbständig definiert.
Bei den §§ 240 und 253 indiziert die Tatbestandsmäßigkeit des Handelns nicht wie sonst die Rechtswidrigkeit (man spricht von offenen Tatbeständen).
Bitte lesen Sie jetzt noch §§ 316 a, 239 a und 239 b. Anschließend wollen wir uns klarmachen, daß der Gesetzgeber bei vielen Delikten nach dem Baukastensystem arbeitet – wie ein moderner Industriebetrieb. Die Bauelemente sind:
Wegnehmen,
Gebenlassen
Behalten, ferner

Nötigungsmittel =	Gewalt oder Drohung mit einem empfindlichen Übel
Raubmittel =	Gewalt gegen Personen oder Drohung mit gegenwärtiger Gefahr für Leib bzw. Leben
Betrugsmittel =	Irrtumserregung durch Täuschung.

Übersicht 31:

(Der Raub und sein Umfeld)

	Wegnehmen	Gebenlassen	Behalten	Nötigg.-mittel	Raubmittel	Betrugsmittel
Diebstahl, § 242	X					
Unterschlagung, § 246			X			
Nötigung, § 240				X		
Raub, § 249	X				X	
räub. Diebstahl, § 252	X		X		X	
Erpressung, § 253		X		X		
räub. Erpressung, § 255		X			X	
Betrug, § 263		X				X

Untreue und Hehlerei

FALL 176: X wandert aus. Er gibt seinem Freund Schlapp die allgemeine Vollmacht, sein Grundstück zu veräußern. Das Grundstück ist 200.000,– DM wert. X vereinbart zusätzlich mit dem Bevollmächtigten, daß das Grundstück nicht unter 180.000,– DM verkauft werden darf. Dennoch verkauft Schlapp das Grundstück an den ersten besten Interessenten für 100.000,– DM.

Ist er strafbar?

Ja! Lesen Sie bitte § 266 I bis „mißbraucht oder“ und dann weiter ab„und dadurch dem, dessen ...“: Die 1. Alternative des § 266 I nennt man den **Mißbrauchstatbestand**. Der Täter hat nach außen hin (sog. Außenverhältnis) Befugnisse, die über die Vereinbarung mit dem Partner (Innenverhältnis) hinausgehen. Das rechtliche Können übertrifft das rechtliche Dürfen.

Hier hatte Schlapp zwar eine generelle Veräußerungsvollmacht, so daß der Verkauf nach BGB wirksam zustande gekommen ist. Dabei hat er aber gegen die im Innenverhältnis wirksamen Weisungen des X gehandelt und das Grundstück zum halben Verkehrswert verschleudert. Dieser Mißbrauch der Vollmacht führt zur Bestrafung wegen Untreue, auch wenn Schlapp sich selbst dadurch nicht bereichern wollte. Merke: Schlapp hat seine rechtliche Vertretungsmacht mißbraucht und dadurch X Nachteile zugefügt = Mißbrauchstatbestand.

FÄLLE 177:

1. Vormund V läßt das Haus seines Mündels verfallen,
2. Rechtsanwalt R meldet seinem Mandanten den Eingang von Geldern nicht, sondern verbraucht sie selbst.
3. T verwaltet die Gelder einer Lotto-Tip-Gemeinschaft. Einen Gewinn meldet er den anderen nicht, sondern verbraucht das Geld für sich.

Lesen Sie bitte die 2. Alternative des § 266 I: Von „oder die ihm ...“ bis „Nachteil zugefügt“: Mann nennt das den **Treubruchstatbestand**. Er ist der allgemeine Tatbestand und beinhaltet den spezielleren Mißbrauchstatbestand. Während der Mißbrauchstatbestand eine rechtsgeschäftliche Handlung betrifft, genügt beim Treubruchstatbestand **jede** pflichtwidrige Handlung oder Unterlassung des Täters. – Wir bejahen daher in allen 3 Fällen Untreue in Form des Treubruchstatbestandes. Es genügt, daß dem Berechtigten ein Vermögensnachteil zugefügt wurde, eine Bereicherung des Täters kann, muß aber im Rahmen des § 266 nicht vorliegen.

Beim Vormund beruht die Pflicht zur Wahrnehmung der Vermögensinteressen des Mündels auf behördlichem Antrag, bei den anderen Tätern auf Rechtsgeschäft.

FALL 178: Ein Kaufmann schickt einen Lehrling (L) mit 1000,– DM auf die Bank. Der Lehrling verwendet das Geld für sich.
L handelte in untergeordneter Position als Bote. § 266 setzt eine Fürsorgepflicht über fremdes Vermögen mit einer **gewissen Eigenverantwortung und Bedeutung** voraus, was hier ausscheidet. L ist also nicht nach § 266, sondern wegen Unterschlagung, § 246, zu bestrafen.
Wir erinnern uns an Fall 155 (5.). wo jemand billig Diebesgut einkaufte. Wir unterstreichen in § 259 (**Hehlerei**) die Worte „Sache", „anderer gestohlen", „angekauft", „um sich" und „zu bereichern" und haben damit diesen Standardfall der Hehlerei im Gesetz kennengelernt. Nun einige Variationen.

FÄLLE 179: Wir nennen den Vortäter T und untersuchen ob H, der jeweils den Sachverhalt kennt, in folgenden Fällen Hehlerei begangen hat:
1. Der Täter T stiehlt einen 100-DM-Schein, läßt sich auf der Bank zwei 50-DM-Scheine dafür geben und schenkt einen davon H.
2. T stiehlt Schnaps und bewirtet H damit.
3. H wechselt für T die gestohlenen 100,– DM; er kriegt dafür 10,– DM.
4. T stiehlt ein Kofferradio, verkauft es an K und schenkt den Erlös dem H.
5. T verkauft eine gestohlene Uhr zum normalen Preis an H.
6. H bewahrt für T Diebesgut auf, damit es die Polizei bei T nicht findet.
7. H war Teilnehmer (Gehilfe oder Anstifter) eines Einbruchs. T gibt ihm 2000,– DM von der Beute.
8. T setzt als Juwelier in seinem Geschäft Diebesbeute ab. Der Angestellte H hilft ihm dabei.

Bitte notieren Sie ihre Antworten auf einen Zettel, und lesen Sie erst dann weiter. Hehlerei oder nicht?

zu 1. Nein, H hat keine Hehlerei begangen. § 259 bestraft die Aufrechterhaltung einer rechtswidrigen Vermögenslage. Die beiden 50-DM-Scheine besitzt T nicht mehr rechtswidrig, er hat nach § 929 BGB Eigentum daran erworben. Anders ausgedrückt: Die Fünfziger sind Ersatz des gestohlenen Hunderters, am **Ersatz** ist keine Hehlerei möglich.

zu 2. Nein. – Das Insichbringen ist kein Ansichbringen bzw. „Sichverschaffen" im Sinne von § 259. Diese Bestimmung verlangt eine eigene **Verfügungsmacht** des Hehlers an der Sache, die H hier nicht hat. – Die herrschende Meinung zu diesem Punkt ist nicht ganz logisch; man könnte dagegen einwenden, daß der Konsum ja gerade die stärkste Form der Verfügung über eine Sache sei.

zu 3. Ja, H hat Hehlerei begangen: Hilfe beim Absetzen des Diebesgutes, um sich zu bereichern.

zu 4. Vorsicht: Der Verkauf an K war Betrug, da K nach § 935 BGB das Eigentum am gestohlenen Radio – anders als bei Geldscheinen – nicht erwerben konnte. Den Verkaufserlös hat T also durch eine gegen fremdes Vermögen gerichtete Straftat erlangt, H hat den Erlös „sich verschafft", er ist also Hehler.

zu 5. Nein, H hat sich nicht „bereichert" = er hatte keinen **Vermögensvorteil**.

zu 6. Nein, „Verschaffen" bedeutet eigene Verfügungsgewalt des Hehlers. Bewahrt er lediglich für den Täter auf, so ist er wegen Begünstigung, § 257, strafbar.

zu 7. Ja. T ist ein „anderer" für den Teilnehmer H. Der Anstifter oder Gehilfe kann Hehler sein, nur der Mittäter nicht.

zu 8. Ja, H hat einem Dritten (T) Absatzhilfe geleistet, um den Dritten zu bereichern.

Nun lesen Sie noch § 259 II und III sowie § 260, **gewerbsmäßige Hehlerei, Bandenhehlerei** und § 260 a, **gewerbsmäßige Bandenhehlerei**. Wir haben bei Fall 100 (Lektion Täterschaft) die Gewerbsmäßigkeit schon bei § 243 I 3 kennengelernt als Betätigung der Absicht, sich durch wiederholte Begehung der Straftat eine Einnahmequelle von einiger Dauer zu verschaffen. Ebenfalls schon kennengelernt hatten wir nach Fall 167 (Lektion Diebstahl) den Begriff der Bande, der den Zusammenschluß von mindestens 2 Personen voraussetzt.

17. Lektion: Sonstige Straftaten

Sachbeschädigung und Brandstiftung

FALL 180: Jemand hat einen neuen Wagen. Der neidische Nachbar läßt die Luft aus den Reifen. Hat er sich strafbar gemacht?

Wir lesen § 303: **Sachbeschädigung** bedeutet strafrechtlich nicht ganz dasselbe wie im alltäglichen Sprachgebrauch. Für das „Beschädigen" oder „Zerstören" im Sinne von § 303 ist nicht unbedingt eine Substanzverletzung erforderlich, es genügt vielmehr eine Einwirkung auf die Sache, durch welche ihre Brauchbarkeit zum bestimmungsgemäßen Zweck entweder

a) beeinträchtigt wird – das Gesetz spricht dann von Beschädigung – oder
b) völlig aufgehoben wird – das Gesetz spricht dann von Zerstören.

Wir erkennen jetzt sofort, daß in unserem Fall § 303 in der 1. Variante gegeben ist: Die Gebrauchsfähigkeit des Autos zu seinem bestimmungsgemäßen Zweck (fahren) ist beeinträchtigt, wenn keine Luft mehr im Reifen ist. Ergebnis: Der Nachbar ist strafbar wegen Sachbeschädigung, § 303 (Strafantrag: § 303 c).

Auch beim Auseinanderbauen einer Maschine oder Beschmieren von Wänden mit Farbe hat man § 303 bejaht.

Bitte lesen Sie jetzt noch §§ 304, 305: Die in § 304 (gemeinschäftliche Sachbeschädigung) genannten Sachen können auch dem Täter selbst gehören; wir unterstreichen „fremd" in § 303 und § 305. Eine weitere Lektüreempfehlung: §§ 133, 134 sowie die Kette: §§ 316 b, 317, 318, 319. Sie sollten ungefähr wissen, was mit Sachbeschädigung zusammenhängt; merken müssen Sie sich den Inhalt dieser Vorschriften im einzelnen nicht.

Die **Brandstiftung** ist eines der komplizierteren Delikte des StGB. Wir wollen uns zunächst die Grundgedanken des Gesetzgebers klarmachen. Das Gesetz brauchen Sie dazu nicht aufzuschlagen. Vorweg eine ganz simple

FRAGE 181: Warum ist die Brandstiftung strafbar? In erster Linie weil das Feuer andere Menschen gefährdet.

Warum ist bei Brandstiftung eine besonders schwere Strafe vorgesehen?

Weil Feuer ein unberechenbares Element ist und der Täter die Gefahr schwer abschätzen bzw. kontrollieren kann. Aus diesem Grund steht die Brandstiftung im Abschnitt „gemeingefährliche Straftaten".

Wäre es sinnvoll, die verschärfte Strafe der Brandstiftung nur anzudrohen für Fälle, bei denen im Einzelfall nachweislich Menschen gefährdet wurden?

Nein, eben weil die Gefahren des Brandes so schwer abzuschätzen sind.

Da es nicht auf die Gefährdung im Einzelfall ankommt, spricht man von einem **abstrakten Gefährdungsdelikt.**

Macht es einen Unterschied, ob der Brandstifter ein fremdes oder sein **eigenes Haus anzündet**?
Grundsätzlich nicht, weil die Gefahr für den Menschen die gleiche ist.
Könnten Sie sich Fälle denken, in denen die Brandstiftung doch einmal straflos ist?
Es bleiben hier nur die Fälle, bei denen nach der Art des Brandobjekts von vornherein eine Gefährdung für andere nicht einmal theoretisch eintreten kann. Voraussetzung dafür wäre natürlich, daß das Objekt dem Täter selbst gehört. – Beispiel: Ein Bauer zündet seinen eigenen Heuschober an, wobei ringsherum nichts Brennbares ist.
Jetzt lesen wir § 306 (Brandstiftung) und unterstreichen in Abs. I „fremde". Angriffsobjekt ist fremdes Eigentum (qualifizierte Sachbeschädigung).
Anders bei § 306 a (schwere Brandstiftung). Hier fehlt das Wort „fremde", jedermann hat hier die Finger auch von seinem eigenen Eigentum zu lassen. Grund: Hier sind Gebäude und Räume geschützt, in denen Menschen wohnen oder sich aufhalten können.
Nun lesen wir noch §§ 306 b und 306 f und beantworten nun ganz leicht folgende

FRAGE 182: Kommt es bei der schweren Brandstiftung (§ 306 a) darauf an, ob z. B. das Wohngebäude dem Täter oder einem anderen gehört?
Nein. Wegen der Gemeingefährlichkeit der Tat stellt der Gesetzgeber bei § 306 a nicht auf die Eigentumsverhältnisse ab.

Beleidigung, Verleumdung und sexuelle Nötigung

FALL 183: A sagt zu B: „Du Idiot!"
Typischer Fall von § 185, Beleidigung.

FALL 184: A sagt zu C: „B ist ein Idiot."
Wieder § 185, da die Beleidigung auch durch Äußerung gegenüber Dritten erfolgen kann.

FALL 185: Wahrheitswidrig sagt A zu B: „Du hast vor 8 Tagen die Pfarrersköchin vergewaltigt."
Beleidigung ist der Angriff auf die Ehre eines anderen durch Kundgebung der Nicht- oder Mißachtung. Das wird man beim Vorwurf strafbarer Handlungen bejahen. Beleidigen kann man

durch ein Werturteil oder – wie hier – durch eine Tatsachenbehauptung.
Ergebnis: Wieder § 185, Beleidigung.

FALL 186: A sagt zu C: „B hat die Pfarrersköchin vergewaltigt."
Im Gegensatz zum vorigen Fall hören wir hier von einer **Tatsachenbehauptung gegenüber einem Dritten**, die in §§ 186 und 187 geregelt ist.
Kann A seine Behauptung im Prozeß nicht beweisen, so wird er wegen **übler Nachrede**, § 186, bestraft. Stellt sich heraus, daß die Behauptung nicht stimmt und daß A sie gegen sein besseres Wissen aufgestellt hat, so wird er wegen **Verleumdung,** § 187, verurteilt.
Nun müssen wir hierzu noch einige Ausnahmefälle kennenlernen:
Ist B wegen Vergewaltigung rechtskräftig verurteilt worden, so darf A dies ungestraft B und auch Dritten gegenüber behaupten (§ 190), es sei denn, die Beleidigung ergibt sich aus der Form etc. Lesen Sie § 192, der z. B. den Fall erfaßt, daß A dem B seine Behauptung ohne Anlaß auf der Straße nachruft.
Lesen Sie noch bitte § 193: Eine Tat nach §§ 185 oder 186 ist danach u. a. gerechtfertigt, wenn sie zur Wahrnehmung berechtigter Interessen erfolgte, z. B. ein Firmenchef erzählt einem anderen, er habe einen Arbeiter wegen Diebstahls entlassen. Hier ergibt sich auch aus der Form der Äußerung keine Beleidigung.

FALL 187: Beim Volksfest umarmt der angeheiterte A ebenso plötzlich wie heftig die Kellnerin mit der Rechten und greift ihr mit der linken Hand kurz an den Busen.
Wir lesen § 177, **sexuelle Nötigung**, dessen Mittel uns an die Raubmittel erinnern (§ 249). Wir können Gewalt wegen der kräftigen Umarmung bejahen. – Stellt das Verhalten des A eine „sexuelle Handlung" dar?
Ja, da die Handlung „das Geschlechtliche im Menschen zum Gegenstand hat und für einen verständigen Partner die Sexualbezogenheit der Handlung im äußeren Erscheinungsbild der Handlung erkennbar ist." Sie bejahen das und fragen, ob nun A nach § 177 bestraft werden muß.
Das hängt von § 184c ab, den Sie zu § 177 notieren sollten. Es geht also darum, ob die sexuelle Handlung von „einiger Erheblichkeit" war. Dies hängt von der Bedeutung sowie der Intensität und Dauer der Handlung ab. Bei unserem Fall werden wir die Erheblichkeit ablehnen.

Ergebnis: A ist nicht nach § 177 strafbar, nur Beleidigung kommt in Frage. In diesem Zusammenhang lesen Sie bitte noch §§ 174 bis 183 a. Von Delikten **gegen die persönliche Freiheit** sollten Sie kennen: § 234, 234 a, 235, 236, 239–241.

Urkundenfälschung

FALL 188: Ein Student will seinen alten Herrn um etwas Geld erleichtern. Zu diesem Zweck schreibt ihm sein Freund (F) eine fingierte Rechnung über Bücher im Wert von 500,– DM. Ist F wegen Urkundenfälschung nach § 267 strafbar?
Zunächst definieren wir, daß Urkunde jede verkörperte Gedankenerklärung ist, die im Rechtsverkehr Beweis erbringen kann, und die ihren Aussteller erkennen läßt. – Hat aber F eine unechte Urkunde hergestellt? Dies hat er im Sinne des § 267 nur dann, wenn F eine Identitätstäuschung begangen hat, also den Anschein erweckt, als ob die Urkunde von einem anderen herrühre. – Gerade das war nicht der Fall: F hat seine Identität sehr wohl offenbart, er hat nur die Unwahrheit geschrieben, eine sog. „schriftliche Lüge", die mit § 267 nichts zu tun hat.
Ergebnis: F hat keine Urkundenfälschung begangen; nur Betrug käme in Frage.

FALL 189: X verbrennt ein für ihn ungünstiges Testament des Y. Nicht § 267, sondern § 274 I Ziff. 1, **Urkundenvernichtung**.

FALL 190: Ein Grafiker stellt ein echt aussehendes Sparbuch her, um dort eine Million einzutragen und damit seine Freundin zu beeindrucken.
Keine Urkundenfälschung, da nicht **„zur Täuschung im Rechtsverkehr"** hergestellt!

FALL 191: Ein Verlagsvertreter (V) unterschreibt die Bestellung eines 10bändigen Lexikons mit dem Namen einer Hilfsarbeiterin. Strafbarkeit?
Hier haben wir endlich den typischen Fall der Identitätstäuschung. V hat zur Täuschung im Rechtsverkehr eine unechte Urkunde hergestellt.
Ergebnis: V ist strafbar wegen Urkundenfälschung, § 267. Ein weiteres Vertreterdelikt haben wir, wenn V die Bestellung von zwei Büchern durch Vorstellen einer „1" in „12 Bücher" ändert. Dies wäre der Fall des **Verfälschen** einer echten Urkunde nach § 267. Unter **Gebrauchmachen** von einer unechten Ur-

kunde wäre das Vorzeigen eines falschen Passes an der Grenze zu verstehen.

FALL 192: Ein Dieb verändert die Fahrgestellnummer eines gestohlenen Pkws.

Es handelt sich um ein den Urkunden gleichgestelltes **Beweiszeichen**, also ein mit einem Gegenstand fest verbundenes Zeichen, das geeignet oder bestimmt ist, über sein Dasein hinaus eine Gedankenäußerung seines Urhebers zu vermitteln und für bestimmte rechtliche Beziehungen Beweis zu erbringen.

Dagegen wären reine Unterscheidungszeichen keine Urkunden, z. B. Garderobenummern.

Ergebnis: § 267, im gegebenen Fall allerdings mitbestrafte Nachtat!

FALL 193: A ist Vater eines Sohnes geworden, läßt aber durch den Standesbeamten eine Tochter eintragen. Strafbar?

Ja, und zwar nach § 271.

§ 271 ist ein gesetzlich geregelter Fall der mittelbaren Täterschaft und ein Spezialfall der **schriftlichen Lüge**. Was öffentliche Urkunden sind, geht aus § 415 der Zivilprozeßordnung hervor, den wir zu § 271 notieren. Zu § 348 notieren Sie bitte § 11 I 2. Falschbeurkundung im Amt läge vor, wenn z. B. ein Standesbeamter eine Heirat beurkunden würde, die gar nicht stattgefunden hat.

Bevor wir zu den Amtsdelikten kommen, lesen Sie bitte über die **Eidesdelikte** noch kurz §§ 153–160, § 163. § 159 ist ein besonders unter Strafe gestellter Versuch der Anstiftung zu einem Vergehen.

Amtsdelikte

FALL 194: Jeden Vormittag schickt ein Amtsrichter (A) den Wachtmeister (W) um zwei Flaschen Bier. W darf das Wechselgeld behalten. – Ist das strafbar?

Die nächste Viertelstunde wollen Sie sich bitte in das Studium der §§ 331–334 vertiefen. Bei der Abschnittsüberschrift vor § 331 notieren Sie § 11 I Nrn. 2, 3, 4, weil dort die Begriffe „Amtsträger“ usw. definiert sind. – Zum besseren Verständnis der genannten §§ folgende kleine

Übersicht 32:

(Amtsdelikte)

	für eine Diensthandlung	für eine **pflichtwidrige** Diensthdlg.
Passivseite (Amtsträger fordert, nimmt oder läßt sich versprechen)	Vorteilsannahme, § 331	Bestechlichkeit, § 332
Aktivseite (Interessent bietet, verspricht oder gewährt)	Vorteilsgewährung, § 333 (strafbar nur bei künftiger Ermessenshandlung)	Bestechung, § 334

In welches Kästchen stecken Sie nun die beiden Bierfreunde?
In keines! Alle vier Tatbestände setzen nämlich eine Diensthandlung voraus; eine rein private Tätigkeit wie etwa Bierholen fällt nicht darunter.
Ergebnis: A und W haben sich nicht strafbar gemacht.
In § 333 unterstreichen wir die Wörter „Ermessen" und „künftig".
Im übrigen merken wir uns: §§ 332 bzw. 334 sind die Qualifikationen von §§ 331 bzw. 333. – Dann lesen wir §§ 336 bzw. 340, 356. – Wichtiger Klausurtip: Wenn im Sachverhalt einer Arbeit ein beamtenähnliches Wesen auftaucht, müssen Sie vorsorglich immer §§ 331–358 durchsehen, ferner § 11 I 2 a.
Wichtige Lektüreempfehlung: Die folgenden Bestimmungen sollten Sie gelesen haben; sie sind auch ohne weitere Erklärung verständlich: § 136 (Vollstreckungs- und Siegelbruch), ferner die verwandten Bestimmungen der §§ 288–290; zum Wucherkomplex § 291.

IV. Praktische Hinweise

18. Lektion: Klausuraufbau und Studium

Der Aufbau einer StGB-Arbeit

Bei der Korrektur von Klausuren und Hausarbeiten bemerkt man – auch bei Studenten höherer Semester – oft eine erstaunliche Unsicherheit im Aufbau. Dies rührt z. T. von der verbreiteten falschen Auffassung her, der Aufbau sei eine bloße Äußerlichkeit; in erster Linie komme es auf die materiellrechtlichen Ausführungen an. – Tatsächlich ist die Gliederung einer Arbeit aber ein **Ausfluß der juristischen Logik**. Aufbaufehler werden zurecht ebenso schwer bewertet wie materielle Grundlagenfehler.

Wir wollen deswegen im folgenden den kompletten Lösungsvorschlag eines Falles studieren und anschließend auswerten. Das Klausurbeispiel ist dem empfehlenswerten Büchlein „Klausurenschreiben leicht gemacht" entnommen, das im gleichen Verlag erschienen ist.

FALL 195: Der Viehhändler V sieht auf einer Weide ein Pferd stehen, das ihm gefällt. Er fragt den auf dem Nachbarfeld arbeitenden Bauern B, den er für den Eigentümer hält, der aber in Wirklichkeit nicht der Eigentümer ist, ob er das Pferd gegen Bargeld kaufen könne. Der Bauer erklärt, daß er ihm das Pferd für 1500,– DM verkaufen wolle. Er solle es selbst einfangen. Der Viehhändler holt das Pferd von der Weide, bezahlt es und geht damit fort. Unterwegs trifft ihn der wirkliche Eigentümer E. Dieser fordert von dem Viehhändler das Pferd zurück. Der Viehhändler hält den E für einen Betrüger und erklärt, er denke gar nicht daran, ihm das Pferd, das er redlich gekauft habe, zu geben. E nimmt ihm gewaltsam das Pferd ab. Bei dem entstehenden Handgemenge verletzen sich E und V gegenseitig.

Wie haben sich B, E und V strafbar gemacht?

I. Die Strafbarkeit des B.

1. Die Strafbarkeit des B nach § 242 StGB.
   a) Die Weide gehört zum Herrschaftsbereich des E, der auch weiß, daß sich sein Pferd auf der Weide befindet. Da dem E zur Verwirklichung seines Herrschaftswillens keine Hindernisse entgegenstehen, ist er Inhaber des Gewahrsams an dem Pferd. B wird zwar beim Einfangen des Tieres selbst nicht tätig. Indem V jedoch das Pferd einfängt und von der Weide holt, bricht dieser den Gewahrsam des E. Da er das Pferd fortführt, begründet er zugleich neuen, eigenen Gewahrsam. V hat also das Pferd weggenommen. V wurde aber von B zur Wegnahme des Pferdes veranlaßt. Überwiegendes Interesse an der Tat hat B. Da V den B für den Eigentümer des Pferdes hält und allein B die wahre Eigentumsanlage an dem Pferd kennt, liegt die Tatherrschaft bei B. Er nimmt das Pferd weg, bedient sich dazu nur des – gutgläubigen – V als Werkzeug. Er will sich auch den im Pferd verkörperten Sachwert in Form des Verkaufspreises einverleiben, obwohl er hierauf keinen Anspruch hat. In mittelbarer Täterschaft erfüllt B daher den Tatbestand des § 242 I StGB.
   b) Rechtfertigungsgründe sind nicht gegeben.
   c) B weiß, daß das Pferd dem E gehört. Er will, daß V es für ihn wegnimmt und ihm dafür 1500,– DM bezahlt. Auch weiß er, daß er gegenüber E keinen Anspruch auf das Geld hat. B handelt also vorsätzlich.
   d) B hat sich folglich nach § 242 I StGB strafbar gemacht.
2. Die Strafbarkeit des B nach § 263 I StGB.
   a) B tritt nichtberechtigt als Eigentümer des Pferdes auf, indem er das Kaufangebot des V durch den Hinweis annimmt, V solle sich das Pferd selbst von der Weide holen. Durch konkludentes Verhalten spielt der B somit dem V die falsche Tatsache vor, er sei Eigentümer des Tieres und täuscht V. V zweifelt nicht an der Rechtsstellung des B und sieht diesen auf Grund seines Verhaltens als Eigentümer des Pferdes an. B erweckt also durch sein Verhalten in V eine falsche Vorstellung über die Eigentumslage an dem Pferd. B hat also den V getäuscht und dadurch in V einen Irrtum erregt.
   Indem V dem B 1500,– DM auszahlt, nimmt er eine Verfügung über sein Vermögen vor. B hat somit den V getäuscht, in ihm einen Irrtum erregt und dadurch den V veranlaßt, über sein Vermögen zu verfügen. Fraglich ist jedoch, ob dem V hierdurch auch ein Vermögensschaden

entstanden ist. Da V nicht wußte und auch nicht wissen konnte, daß B Nichteigentümer des Pferdes ist, könnte er Eigentum am Pferd gemäß § 932 BGB erworben haben. B stahl aber das Pferd in mittelbarer Täterschaft. Gemäß § 935 BGB ist der Eigentumserwerb an gestohlenen Sachen ausgeschlossen. V hat also kein Eigentum an dem Pferd erworben.

Somit hat B durch Täuschung einen Irrtum in V erregt und diesen zu einer Vermögensverfügung veranlaßt, die zu einem Vermögensschaden des V führte.

Indem er sich die 1500,– DM zueignet, zeigt B, daß er auch die Absicht der rechtswidrigen Verschaffung eines Vermögensvorteils hat.

b) B handelt rechtswidrig.

c) B will den V täuschen, in ihm einen Irrtum erregen, um V zu einer Auszahlung der angebotenen Geldsumme zu veranlassen, obwohl B weiß, daß V das Eigentum an dem Pferd nicht erwerben kann.

B handelt vorsätzlich.

d) B hat sich also strafbar gemacht nach § 263 I StGB.

3. Durch ein und dieselbe Handlung verletzt B mehrere Straftatbestände. B hat sich also strafbar gemacht nach den §§ 263 I, 242 I, 52 StGB.

II. Die Strafbarkeit des V.

1. Die Strafbarkeit des V nach § 242 I StGB.

a) Indem V auf die Weide geht, das Pferd holt und es mit sich fortführt, erfüllt er den Tatbestand des § 242 I StGB. Er handelt auch mit Zueignungsabsicht.

b) Sein Handeln ist rechtswidrig.

c) Da V den B für den Gewahrsamsinhaber hält, der mit der „Wegnahme“ einverstanden ist, liegt aus der Sicht des V kein Gewahrsambruch, also keine Wegnahme vor. Dieser Tatsachenirrtum führt gemäß § 16 StGB zu einem Vorsatzausschluß. Da „fahrlässiger Diebstahl“ nicht strafbar ist, kann dahinstehen, ob der Irrtum des V auf Fahrlässigkeit beruhte. V hat also den Tatbestand des § 242 I nicht vorsätzlich erfüllt.

d) V ist somit nicht strafbar nach § 242 I StGB.

2. Die Strafbarkeit des V nach § 223 I StGB.

a) Da sich in einem Handgemenge V und E gegenseitig verletzen, erfüllt V den Tatbestand des § 223 I StGB.

b) Sein Handeln könnte aber gemäß § 32 StGB gerechtfertigt sein. Da E jedoch Eigentümer des Pferdes ist und den V angreift, um das Pferd zurückzuerlangen, ist der Angriff des E rechtmäßig (s. u. III 1 b).
Damit ist das Handeln des V rechtswidrig.

c) V glaubt aber, er handele in Notwehr. Er irrt also über Tatsachen, die , wenn sie vorlägen, einen Rechtfertigungsgrund darstellen würden. Dieser Irrtum schließt den Vorsatz des V aus. V erfüllt also den Tatbestand des § 223 I StGB nicht mit Wissen und Wollen.

d) V hat sich nicht strafbar gemacht nach § 223 I StGB.

3. Die Strafbarkeit des V nach § 229 StGB.
Nach dem Sachverhalt kann nicht angenommen werden, daß V wußte oder wissen mußte, daß B nicht der Eigentümer war. Sein Irrtum über die tatsächlichen Voraussetzungen der Notwehr beruht also nicht auf Fahrlässigkeit; V ist nicht strafbar nach § 229 StGB.

III. Die Strafbarkeit des E.

Die Strafbarkeit des E nach § 223 I StGB.

a) E verwirklicht den Tatbestand nach § 223 I StGB.

b) Mit der Aneignung des Pferdes hat V die Rechtssphäre des E angegriffen.
Da der Eingriff in die Rechtssphäre mit dem Fortführen des Pferdes andauert, V sich weigert, das Pferd herauszugeben und seine vermeintliche Berechtigung zum Eigentum des Pferdes gegenüber E verteidigt, ist der Angriff gegenwärtig. Der Angriff auf das Eigentum des E ist rechtswidrig. Da sich V weigert, dem E das Pferd herauszugeben, ist die gewaltsame Abnahme des Pferdes auch das gebotene und erforderliche Mittel, um die wahre Eigentumslage wiederherzustellen. Er wehrt also einen gegenwärtigen Angriff, der rechtswidrig ist, mit einem erforderlichen Mittel ab. Das Handeln des E ist gerechtfertigt, § 32 StGB.

c) Eine Strafbarkeit des E gemäß § 223 I StGB ist somit nicht gegeben.

IV. Ergebnis:

B ist zu bestrafen nach den §§ 263 I, 242 I, 52 StGB. V und E haben sich nicht strafbar gemacht.
Während wir bisher versucht haben, unseren Kurs im Sinne von Nietzsches „Fröhlicher Wissenschaft“ als zwangloses Lehr-

gespräch aufzuziehen, müssen Sie sich in der Klausur möglichst **nüchtern und sachlich** ausdrücken.
Stellen Sie sich immer vor, Sie hätten für eine Behörde oder einen Betrieb ein Gutachten zu schreiben, und benutzen Sie möglichst **nur die gesetzlichen Ausdrücke**, also z. B. „die Handlung erfüllt zwar den Tatbestand des § ... ist aber durch Notwehr gerechtfertigt". Falsch wäre: „Der Sachverhalt von § ... ist gegeben, aber die Abwehr geht in Ordnung."
Aus der Lösungsskizze können Sie ohne besondere Hinweise weitere Grundsätze für die praktische Arbeit in der Klausur entnehmen. Wir wollen die augenfälligsten gleich vorweg in einem Leitsatz zusammenfassen:

Leitsatz 33:

(Richtlinien für die praktische Arbeit)

1. Möglichst genau untergliedern.
2. Angeführte Paragraphen nach Absätzen und Sätzen genau zitieren.
3. Nicht den Wortlaut des Gesetzes oder der Aufgabe wiederholen, sondern subsumieren, d. h. prüfen, ob die einzelnen Tatbestandsmerkmale einer Norm durch den Sachverhalt ausgefüllt werden.
4. Subjektive Wendungen („Meines Erachtens", „Wir prüfen jetzt" usw.) und Bekräftigungen („Ganz offensichtlich", „Natürlich" usw.) vermeiden.
5. Die Länge der Erörterungen einer Frage muß der Bedeutung der Frage im Rahmen der Arbeit entsprechen (Grundsatz der Proportionalität). Sehr unklare Zweifelsfragen länger, alle anderen kurz, und augenfällige Schlußfolgerungen gar nicht begründen!
6. Die Erörterung muß von der Fragestellung ausgehen und beim Ergebnis enden (sog. Gutachtenstil; Gegensatz: Urteilsstil). Kennzeichen hierfür sind Wörter wie „also", „daher" usw.

Wichtig und oft vernachlässigt ist in der Klausurpraxis auch die Zeiteinteilung. Eine ausführliche Darstellung am Anfang ist kein Ausgleich für eine lückenhafte Darstellung am Schluß der Arbeit! Beim Suchen nach unbekannten Bestimmungen sollten Sie sich angewöhnen, den einschlägigen Gesetzesabschnitt bis zum Ende durchzulesen; oft stehen dort wichtige Sonderregelungen. In vielen Fällen wird es auch von Vorteil sein, das Inhaltsverzeichnis des Gesetzes oder das Sachregister zu Rate zu ziehen. Ebenso gründlich wie den Gesetzestext müssen Sie den Sachverhalt des Prüfungsfalles lesen. Jedes Wort kann für die Entscheidung wichtig sein! **Für Hausarbeiten** gelten die gleichen Grundsätze wie für Klausuren, bloß ist dabei immer ein Verzeichnis der benutzten Literatur voranzustellen, und zwar gegliedert nach Kommentaren, Lehrbüchern, Monographien, Zeitschriften und Entscheidungssammlungen. Die Bücher sind nach Auflage bzw. Erscheinungsjahr, die Entscheidungen in der übrigen Zitierweise anzuführen, z. B. BGHSt 6, 37 (39) = Entscheidungen des Bundesgerichtshofs in Strafsachen, Band 6, Seite 37 (Beginn der Entscheidung), Seite 39 (für das Zitat maßgebliche Seite der Entscheidung). Im Text der Arbeit zitiert man zu wichtigen Zweifelsfragen in Kurzform, am besten als Fußnote.

Drei Faktoren sind es, von denen die Note einer Arbeit hauptsächlich abhängt: Erkennen der Hauptprobleme der Arbeit, richtige juristische Erörterung und richtiger Aufbau. Für größere Sachverhalte gilt folgender

Leitsatz 34:

(Gliederung größerer Strafrechtsarbeiten)

Grundgliederung nach den verschiedenen geschichtlichen Vorgängen, Untergliederung nach Personen, Einzelgliederung nach Delikten. Sind an einer Tat mehrere beteiligt, beginnt man mit dem „Tatnächsten" bzw. dem, der sich am schwersten strafbar gemacht hat, prüft also z. B. den Täter vor dem Anstifter, den Anstifter vor dem Gehilfen.

Hat sich ein Beteiligter mehrfach strafbar gemacht, so prüft man am Schluß die Konkurrenzfrage, bevor man zum nächsten Beteiligten übergeht.

Im übrigen halten Sie sich an unser Aufbauschema (Leitsatz 10) und beachten Sie, daß sich bei Versuch bzw. Unterlassungsdelikten einige Abweichungen in der Reihenfolge der Prüfung ergeben, vgl. Leitsätze 16 und 12.

Ihr weiteres Studium

Bitte erschrecken Sie nicht, wenn Ihnen an dieser Stelle dringend geraten wird, das vorliegende Büchlein noch einmal durchzuarbeiten. Der **zweite Durchgang** dient nicht nur dazu, sich das Gelesene besser einzuprägen, sondern er fördert erfahrungsgemäß auch viele halb- bzw. unverstandene Stellen zu

Tage. Gerade bei einem Grundlagen-Lehrbuch wie dem vorliegenden ist eine gründliche Wiederholung unerläßlich.
Bei der zweiten Lesung sollten vor allem die letzten Unklarheiten mit Hilfe größerer Lehrbücher ausgeräumt werden. Darüber hinaus bietet sich in diesem Rahmen eine gute Gelegenheit, die angeschnittenen Probleme weiter zu vertiefen und – angeregt von einem konkreten Fall – die divergierenden Lehrmeinungen kennenzulernen, auf die in einem Einführungswerk naturgemäß verzichtet werden mußte.
Zweckmäßig ist es ferner, sich alle noch nicht ganz geläufigen Leitsätze und Tabellen auf Zetteln zusammenzuschreiben. Die Zettel können Sie leicht bei sich führen, bei allen möglichen Wartepausen (zwischen den Vorlesungen, auf der Bahn, bei dem Friseur usw.) ansehen und auf diese Weise gewissermaßen nebenbei Ihre StGB-Kenntnisse vervollkommnen.
Wenn Sie Ihre Rechtskenntnisse erweitern wollen, so bedenken Sie bitte die folgenden Hinweise.

1. Da in den juristischen Prüfungen nicht die Wiedergabe abstrakter Lehrsätze, sondern die Lösung konkreter Fälle verlangt wird, müssen Sie von Anfang an auch Ihre **praktischen Fähigkeiten** üben: Belegen Sie die **Übungen** an der Universität und schreiben Sie möglichst viele Übungsarbeiten mit.
2. Machen Sie es sich zur Angewohnheit, grundsätzlich alle Besprechungen von geschriebenen Hausarbeiten und Klausuren anhand größerer **Lehrbücher** gründlich durchzuarbeiten. Etwa eine Woche später sollten Sie die Lösungsskizze abermals durchsehen. Die Zeit, die Sie für diese Arbeit verwenden, ist fürs Examen die fruchtbarste!
   Zweckmäßig ist es, sich die wichtigsten Lehrbücher selbst zu kaufen. Sie dienen aber wie gesagt mehr als Nachschlagewerk. In der Regel ist es unrationell, sie wie einen Roman von A bis Z durchzulesen.
   Die sehr preiswerten „Definitionenkalender“ zum StGB sollten Sie sich auf alle Fälle zulegen.
3. Sehr empfehlenswert ist das Durcharbeiten von **Fallsammlungen** zum StGB. Fast jeder juristische Verlag bietet davon einige an.
4. Juristische **Fachzeitschriften** werden Sie in der Regel erst in mittleren Semestern interessieren. Wenn Sie sich zu einer Zeitschrift entschließen, sollten Sie eine solche wählen, die speziell auf die Bedürfnisse des Studenten zugeschnitten ist. Mit den größeren Praktiker-Zeitschriften nach Art der „Neuen Juristischen Wochenschrift (NJW)“ kann der Student erfahrungsgemäß noch nicht viel anfangen.

5. Der angehende Jurist sollte sich auch rechtzeitig über den **Aufbau des juristischen Studiums** und die Prüfungen informieren. Auf jeden Fall aber sollten Sie sich ein Exemplar der an Ihrem Prüfungsort geltenden Prüfungsordnung verschaffen.
6. Zweckmäßig ist es ferner, beizeiten ein **Fernrepetitorium** zu abonnieren.
   Es handelt sich dabei um Fernkurse zur Vorbereitung auf das juristische Staatsexamen, die den Prüfungsstoff annähernd lückenlos darbieten.
   Durch diese Kurse können Sie kontrollieren, ob Sie bei Ihrer Vorbereitung auch wirklich alle examenswichtigen Fragen berücksichtigt haben. Hierbei sollten Sie solche Repetitorien bevorzugen, die den Stoff ganz oder überwiegend anhand von Fällen darbieten.
7. Schon in mittleren Semestern sollten Sie an der Universität oder bei einem privaten Repetitor („Pauker") regelmäßig pro Woche mindestens eine **fünfstündige Klausur** zur Vorbereitung auf das juristische Staatsexamen schreiben. Da eine fünfstündige Arbeit ganz andere Anforderungen stellt als eine zweistündige, ist die Befolgung dieses Ratschlags für den Examenserfolg von besonderer Wichtigkeit. Daß die Besprechungen der geschriebenen Klausuren in häuslicher Arbeit vertieft und nachgearbeitet werden müssen, wurde bereits erwähnt.

Sachregister

(die Zahlen bedeuten die Seiten)

NOTIZEN